NOUVELLE RÉPONSE

POUR Madame la Présidente de SAINT-VINCENT ;

CONTRE M. le Maréchal DE RICHELIEU.

 ES nouveaux mémoires de M. le Maréchal de Richelieu, n'annoncent que l'incertitude & la fausseté de ses systêmes. Tantôt il met en principe qu'il n'est pas tenu de prouver que Madame de Saint-Vincent est coupable, & que c'est à elle de démontrer qu'elle est innocente. Tantôt il soutient qu'il a convaincu Madame de Saint-Vincent, & qu'il est certain qu'elle a fait les lettres & les billets. Tantôt enfin il annonce qu'il prouvera bientôt que ce n'est pas lui qui a fait les billets ni qui les a donnés à Madame de Saint-Vincent.

Mais si ce n'est pas à lui qu'est imposé le devoir de faire preuve, pourquoi tant de recherches, de peines & de soins ; pourquoi tant de sophismes, d'informations & d'outrages pour essayer de convaincre Madame de Saint-Vincent ? Mais s'il est si clair que Madame de Saint-Vincent a fait les lettres & les billets, qu'est-il besoin de prouver encore que M. de Richelieu ne les lui a pas donnés ?

A toutes ces inconséquences n'opposons que des raisonnemens & des faits. M. de Richelieu est accusateur, c'est donc à lui à prouver. Il a dit lui-même * *qu'en dénonçant à la Justice le crime dont il accuse Madame de Saint-Vincent, il avoit CONTRACTÉ L'OBLIGATION de l'en convaincre.* Peut-il quitter & reprendre à son gré cette *obligation* qu'il s'est imposée & que lui imposent également la raison & la loi ?

* Page 1ère de son premier mémoire.

A

M. de Richelieu a-t-il convaincu Madame de Saint-Vincent ou ne l'a-t-il pas convaincue ? voilà la feule queftion qu'il s'agit de difcuter.

Ce n'eft pas dans les volumes de fauffetés & de calomnies publiés par M. de Richelieu, que les Magiftrats iront chercher cette prétendue conviction ; c'eft des charges & informations , c'eft de la procédure même qu'elle doit réfulter, fi elle exifte ; or il eft facile de prouver encore par l'analyfe exacte de toutes ces informations , que ni la procédure faite avant l'Arrêt du mois de Mars, ni la procédure faite depuis cet Arrêt n'ont opéré de conviction contre Madame de Saint-Vincent.

Procédure faite avant l'Arrêt du 29 Mars 1776.

Sous quels affreux aufpices M. le Maréchal de Richelieu commence-t-il le cours de fes opérations ? Le 25 Juillet 1774. Le Commiffaire Chenon & l'Infpecteur Buhot fe tranfportent au Couvent de la Miféricorde , & pénétrent , à main-armée , dans l'appartement de Madame de Saint-Vincent ; là , fans égard pour fa naiffance , fans refpect pour fon fexe , & avec ce ton d'arrogance fi commun aux valets de l'autorité , ils fe livrent à toutes fortes d'excès & d'outrages ; ils renverfent fes commodes & fes fecrétaires ; ils fouillent jufques dans fes poches ; ils vifitent tous fes papiers ; ils les faififfent, les volent, les emportent tous , & ils la conduifent elle-même à la Baftille.... Eft-ce là avoir convaincu Madame de Saint-Vincent ? La Juftice détourneroit fes regards d'une conviction qui feroit acquife par de pareils moyens ; elle frémiroit d'appuyer une décifion juridique fur les vexations du crédit & fur les menées de l'intrigue ; & déja elle a rejetté loin d'elle cette odieufe procédure de la Baftille. Mais au fond quelle preuve en étoit-il réfulté contre Madame de Saint-Vincent?

Le grand œuvre du calcage exige des préparatifs, des eſſais, des modèles, des types, des inſtrumens, des travaux & une foule d'opérations. Avoit-on rien trouvé dans la perquiſition ſubite faite chez Madame de Saint-Vincent qui eut trait à ce prétendu crime? Ses lettres ſecrettes, ſes lettres indifférentes, ſes lettres de famille, les lettres ſur-tout qu'elle avoit reçues de M. le Maréchal de Richelieu, juſqu'à des mémoires de dépenſe & des quittances d'Ouvriers, tout étoit devenu la proie des recherches avides des exécuteurs d'ordres. Ils avoient tout vu, tout fouillé, tout ravi, avoient-ils découvert la plus foible trace & le plus léger veſtige de calcage? Où ſont-ils ces eſſais, ces modèles, ces types, ces lettres commencées, ces préparations, ces inſtrumens de faux? Pourquoi rien de tout cela ne paroît-il? Eh! ce n'étoit point des traces de crime que M. de Richelieu faiſoit chercher, ni qu'il eſpéroit trouver, c'étoit des preuves & des titres de vérité qu'il vouloit ſouſtraire !

On avoit fait ſubir interrogatoire à Madame de Saint-Vincent, & elle avoit déclaré dès le premier inſtant, elle avoit ſoutenu avec perſévérance que les billets lui avoient été donnés par M. de Richelieu. Etoit-ce là une conviction contre Madame de Saint-Vincent?

On avoit reçu enſuite la déclaration de quelques témoins. M. de Vedel avoit été entendu, & il avoit affirmé qu'il avoit vu à Poitiers des lettres de M. le Maréchal, contenant des promeſſes d'argent; l'Abbé Froment avoit été entendu, & il avoit déclaré qu'il avoit vu ces mêmes promeſſes ſe réaliſer à Paris, & qu'il avoit été témoin de l'arrivée du laquais, porteur des billets. Etoit-ce là une conviction contre Madame de Saint-Vincent?

Quelle charge réfultoit-il donc de cet enlèvement de papiers, d'ecet interrogatoire, de ces déclarations de témoins, de toute cette procédure odieufe & tyrannique ? Où étoit le crime ? où en étoit la preuve ? où en étoit le plus léger indice ? Il n'en eft pas réfulté d'avantage de l'information faite au Châtelet.

Iʳᵉ INFOR-
MATION DU
CHATELET.

Madame de Saint-Vincent venoit d'être conduite à la Baftille, & le fieur Marion, Intendant de M. le Maréchal, qui depuis a acquis une célébrité digne de fon maître, rendit, au nom de M. de Richelieu, une plainte en faux principal contre les billets, & fur cette plainte vingt-fept témoins furent entendus.

* Premier
témoin.

Mᶜ Guepreaux *, Notaire jouiffant de la confiance & de l'eftime générale, rendit compte de la négociation du billet de foixante mille livres, faite au fieur de Préville, fon beau-pere, à laquelle lui-même avoit coopéré fans aucune répugnance & après avoir pris toutes fortes de précautions pour s'affurer de la vérité des billets. Sa dépofition conftatoit qu'il croyoit ces billets vrais, & ne pouvoit faire charge contre Madame de Saint-Vincent.

* 5ᵉ, 17ᵉ &
19ᵉ témoins.

Les fieurs Chariot, * le Couturier, & Villercy, dépoferent de la négociation des billets faite au fieur Rubit, de l'eftimation & de la vente des marchandifes données en échange des billets ; ces dépofitions prouvoient encore la croyance où ils étoient de la vérité de ces billets, & ne pouvoient faire charge contre Madame de Saint-Vincent.

Un fieur Dalliot, Receveur des droits des fuifs, homme, fans doute, à réflexions profondes, mais un peu queftionneur,

* 23ᵉ témoin. « avoit fait fentir *, difoit-il, au fieur Rubit, dans le temps même » que Madame de Saint-Vincent étoit à la Baftille, que lui fieur

» Rubit avoit eu tort de prendre des billets, avant d'avoir fait de-
» mander à M. de Richelieu s'il les reconnoiſſoit pour être de
» lui, à quoi Rubit avoit répondu *qu'il avoit été plus de vingt
fois chez M. le Maréchal, qui n'avoit jamais voulu le voir.* Ni la
queſtion de M. le Receveur des ſuifs, ni la réponſe de Rubit,
ne faiſoient charge, ſans doute, contre Madame de Saint-Vincent.

Vezon Banquier, Robert Coutelier & le ſieur d'Aigre-
mont parlerent de Billets qui leur avoient été préſentés par
le ſieur Dufour. Ils avoient, dirent-ils, remis à quelques jours
cette négociation, « afin d'avoir le temps d'inſtruire le ſieur
» Sube, Contrôleur de la maiſon de M. le Maréchal de Ri-
» chelieu, & ils l'auroient acceptée dans le cas où les billets
» auroient été trouvés bons par le ſieur Sube *. Le ſieur Sube, *[* Robert, 6e témoin.]*
» continuerent-ils, ſe trouva au rendez-vous. . . . . Après
» quelques difficultés de lui montrer les billets, Dufour conſentit
» à les lui faire voir. . . . . Sube dit: *qu'ils étoient bien de
» M. le Maréchal** , il ſortit même de ſa poche de l'écriture *[*. Vezon, 7e témoin.]*
» de M. de Richelieu, la confronta, & ſe confirma dans
» ſa reconnoiſſance * ».* La négociation néanmoins n'eut pas *[* Dufour, 18e témoin.]*
lieu, parce que les billets furent retirés des mains du ſieur
Dufour ; mais ces dépoſitions étoient bien éloignées de faire
charge contre Madame de Saint-Vincent.

Les autres témoins ne dépoſerent que de quelques négociations tentées & non conſommées, ou déclarerent ne rien ſça-
voir. Aucun d'eux n'avoit élevé le moindre doute ſur la vérité des billets, aucun d'eux n'avoit prononcé même le nom
de faux, ni de fabrication de faux, ni rien qui pût avoir rapport à un faux. Les Courtiers avoient cherché à négocier les
billets & ils les avoient cru vrais. Les acheteurs de ces billets avoient donné leur argent & ils les avoient cru vrais. Les
gens d'affaires de M. le Maréchal avoient vu ces billets & ils

les avoient cru vrais. Tout en conftatoit donc la vérité & en éloignoit jufqu'au plus léger foupçon de fauffeté.

Enfin, l'Abbé Froment, Eccléfiaftique de mœurs honnêtes, d'une conduite irréprochable, d'une réputation intacte, eftimé de fes Supérieurs & cher à fes amis; l'Abbé Froment, Aumônier du Couvent de la Miféricorde, & qui, logé porte à porte de Madame de Saint-Vincent, devoit néceffairement avoir été témoin des vifites qu'elle recevoit, & des lettres que lui apportoient les laquais de M. le Maréchal de Richelieu; l'Abbé Froment avoit dépofé, que » Madame la Préfidente de » Saint-Vincent étant arrivée à Paris, il y a environ dix-» huit mois, & ayant pris un appartement au Couvent de la » Miféricorde, il avoit eu occafion de la voir fouvent, qu'elle » lui avoit fait part qu'elle étoit parente de M. le Maréchal » de Richelieu, qui avoit beaucoup de bontés pour elle & lui » promettoit d'arranger fes affaires, & de lui faire un fort con-» fidérable.

» Qu'il avoit vu différentes fois le Maréchal de Richelieu » venir voir Madame de Saint-Vincent à ce Couvent; que la » confiance que Madame de Saint-Vincent avoit prife dans » le dépofant, l'avoit portée à lui faire part, que M. le Ma-» réchal lui avoit fait un mandat de cent mille écus fur le fieur » Pefchot, & qu'il avoit vu ce premier mandat figné *le Maré-» chal Duc de Richelieu.*

» Que ce mandat n'étant pas en bonne forme, Madame de Saint-» Vincent avoit engagé M. de Richelieu à lui en faire un fecond » d'une forme meilleure; qu'il avoit vu également ce fecond » mandat, lequel étoit figné auffi *le Maréchal Duc de Richelieu.*

» Que Madame de Saint-Vincent, par le même motif de » confiance qu'elle avoit en lui, lui avoit montré plufieurs » fois les lettres qu'elle écrivoit à M. le Maréchal & plufieurs

» de celles qu'elle difoit auffi avoir reçues de lui, dans lefquelles
» lettres, foit de Madame de Saint-Vincent, foit de M. le
» Maréchal, le dépofant fe fouvient *qu'il étoit queſtion d'argent,*
» *que* Madame de Saint-Vincent attendoit, & que M. le Ma-
» réchal promettoit.

» Que lui dépofant avoit été pluſieurs fois témoin de l'arrivée
» d'un laquais, que Madame de Saint-Vincent difoit être celui
» de M. le Maréchal ; lequel laquais apportoit des lettres qui
» étoient remplies de témoignages d'affeﬄion & de zèle pour
» les intérêts de Madame de Saint-Vincent.

» *Qu'il avoit vu dans quelques-unes de ces lettres, que la viſite*
» *de M. le Maréchal étoit annoncée à Madame de Saint-Vincent,*
» *& il avoit été témoin que M. le Maréchal venoit effeﬄivement*
» *voir Madame de Saint-Vincent au jour marqué dans les*
» *lettres* ».

Enfin il avoit ajouté « Que vers le commencement de
» Novembre, Madame de Saint-Vincent avoit fait faire des
» modéles de billets qu'elle avoit envoyés à M. le Maréchal
» en le priant de les ſigner, & qu'un Dimanche, qu'il croiᵗ
» être le 14, Madame de Saint-Vincent étoit entrée dans
» la Chambre de lui dépofant, que pendant qu'elle y étoit,
» un laquais habillé de rouge paſſa devant la porte du dépofant,
» qui le vit très-bien, & qu'il crut être le même que celui
» venu pluſieurs fois porter d'autres lettres. Que Madame de
» Saint-Vincent dit au dépofant ; voilà le laquais de M. le
» Maréchal ; qu'elle paſſa dans fon appartement avec le laquais
» & revint un inſtant après dans la chambre du dépofant,
» auquel elle montra un paquet *AUX ARMES DE M. LE*
» *MARÉCHAL,* qui contenoit fous enveloppe un billet au por-
» teur de cent mille écus, payable dans trois ans, & deux de
» foixante mille livres chacun, payables l'un dans un an &

» l'autre dans dix-huit mois ; lesquels trois billets datés, à ce qu'il
» croit, du 13 Novembre 1773, étoient signés *le Maréchal Duc*
» *de Richelieu*, avec le *bon pour*, de la même main que la
» signature, & qu'il avoit vu aussi une lettre d'envoi contenue
» avec les billets dans le même paquet & de la même main que
à la signature des billets ».

Etoit-il rien de plus clair & de plus précis que cette dé-position ? Il n'est pas tems encore de développer toute les conséquences qui en résultent ; nous nous bornons à dire qu'elle ne faisoit pas charge contre Madame de Saint-Vincent.

Nulle preuve, nous le répétons, nulle présomption, nul indice de faux ne résultoit donc de cette premiere information contre Madame de Saint-Vincent. . . . . C'est néanmoins sur cette information, & sur cette information seule, que le sieur Bachois osa décréter de prise de corps Madame de Saint-Vincent, décréter de prise de corps l'Abbé de Villeneuve, décréter de prise de corps M. de Vedel, décréter de prise de corps le sieur Benavent, décréter de prise de corps la veuve Leroy, décréter de prise de corps le sieur Rubit, décréter de prise de corps le nommé Dubois & décréter d'assigné pour être oui l'Abbé Froment lui-même, qui venoit d'être entendu la veille comme témoin. . . . . On pâlit d'indignation & l'on frissonne de peur à la vue de ces horribles décrets. Citoyens ! à quoi étiez-vous exposés dans ces tems malheureux où la Justice gémissoit reléguée dans les déserts ? Eh ! qui sçait jusqu'où se feroit portée l'aveugle complaisance des Juges d'alors, Ministres de la haine & des passions de M. le Maréchal de Richelieu ? Quel affreux avenir présageoit aux Accusés un début aussi cruel ? Sur quoi étoient appuyés tant de décrets lancés contr'eux ? Vous * qui osâtes les requérir au nom du

Roi

* Le sieur Moreau.

Roi ; Vous * qui osâtes les prononcer aux rifques de M. de
Richelieu ; Vous tous qui y eûtes part, dites, dites quelles
furent vos vues ! quels furent vos motifs ! quelles pouvoient
être vos raifons ! En aviez-vous de croire que les billets fuffent
faux ? En aviez-vous de croire que Madame de Saint-Vincent
les eût fabriqués ? Quels témoins, quels écrits, quelle preuve,
quels indices guidoient vos décifions & raffuroient vos con-
fciences ? Eh ! fi quelque décret eût dû être prononcé d'après
cette information, c'étoit contre M. de Richelieu lui-même.
Il défavouoit des billets que Madame de Saint-Vincent foute-
noit avoir reçus de lui. Il produifoit vingt-fept témoins pour
conftater fon défaveu, & de ces vingt-fept témoins, il n'en
étoit pas un, pas un feul qui vînt à fon appui ! & de ces
vingt-fept témoins, plufieurs parloient de la reconnoiffance
des billets faite par fes gens d'affaires ! & de ces vingt-fept
témoins, il en étoit un, Eccléfiaftique honnète, qui dépofoit
de vifu de la correfpondance de M. de Richelieu avec Madame de Saint-Vincent, des promeffes qu'elle en avoit reçues,
des lettres & des billets apportés par fes laquais ! C'étoit, c'é-
toit donc M. de Richelieu qui dès-lors étoit au moins très-
fufpeét de méconnoître fa fignature, & c'étoit lui feul qu'il
falloit décréter. Mais décréter huit citoyens ! mais décréter
l'Abbé Froment lui-même, parce qu'il avoit dépofé ! mais
décréter..... Détournons les yeux de cet horrible tableau ;
l'indignation nous entraîneroit au-delà des bornes de la mo-
dération que nous nous fommes prefcrites.

Si vous n'êtes pas contens de tous ces décrets, difoit le fieur
Bachois, au Vicomte de la Rochefoucault & au Vicomte de
Caftellane qui lui en repréfentoient l'injuftice, vous n'avez
qu'à vous plaindre.... Il ne fçavoit que trop que les plaintes
n'étoient pas permifes alors. Devant quels Juges eût-il fallu les

* Le fieur Bachois.

porter ? Mais aujourd'hui que nous avons pour Juge le premier Tribunal de la nation , eh ! bien, M. Bachois , eh bien, oui, nous nous plaindrons , & l'on verra comment vous répondrez à nos plaintes & comment vous excuferez vos prévarications (1) !

Tant de décrets n'avoient pourtant point acquis de preuves contre Madame de Saint-Vincent. Mais le fieur Bachois pourfuivoit avec chaleur l'ouvrage qu'il avoit fi glorieufement commencé. Et tandis qu'il multiplioit les fophifmes, les injures & les outrages dans les interrogatoires fcandaleux qu'il faifoit fubir à Madame de Saint-Vincent; tandis qu'il portoit l'oubli de fes devoirs & le mépris des Loix jufqu'à devenir l'orateur paffionné de M. de Richelieu & l'écho de toutes fes impoftures , M. de Richelieu, de fon côté , portoit l'oubli de ce qu'il doit à fon nom , à fon rang & à fes dignités jufqu'à devenir lui-même un inftigateur de témoins. Une nouvelle information fut faite en conféquence au Châtelet. En réfulte-t-il une conviction contre Madame de Saint-Vincent ?

SECONDE INFORMATION DU CHATELET.

Les premiers regards de M. de Richelieu s'étoient arrêtés fur fes valets ; il avoit voulu qu'ils le ferviffent jufques dans fon procès ; il les avoit appellés , les avoit inftruits , leur avoit témoigné des bontés ; & tout à coup cet effain de laquais , s'échappant de l'hôtel de Richelieu , étoit accouru au Châtelet pour y faire les commiffions dont leur maître les avoit chargés.

Ils ne pouvoient rien affirmer de pofitif contre Madame de Saint-Vincent. Il eût été trop groffierement abfurde qu'ils euffent dit lui avoir vu calquer ou fabriquer les billets.

---

(1) La prife à partie du fieur Bachois eft demandée à grands cris par tous les accufés. On ne peut la leur refufer. Les Juges & le public verront alors dans le détail des vexations qu'il s'eft permifes, jufqu'où un Juge prévenu peut porter l'injuftice & la tyrannie. C'eft ici la caufe de tous les citoyens. Qui peut fe flatter de coucher ce foir dans fon lit, s'il a pour ennemi un homme puiffant, & pour Juge un fieur Bachois ?

II

Leur dépofition ne pouvoit donc être que négative, c'eft-à-
dire tenter d'affoiblir les faits juftificatifs de la défenfe de Madame de Saint-Vincent.

Un de ces faits effentiels & décififs au procès, eft le paquet
porté à l'hôtel de Richelieu par M. de Vedel, & rapporté
au couvent de la Miféricorde par le laquais Saint-Jean. C'eft
auffi à ce fait principal que s'attacherent toutes leurs dépofitions.

Rothefeux, Rouffeau, valets de chambre, & Boutiron,
dit Clermont, Secrétaire, vanterent d'abord un prétendu *alibi*
de M. de Richelieu, qui rendoit, dirent-ils, l'envoi des
billets impoffible, attendu que le 13 Novembre M. de
Richelieu étoit à Fontainebleau, le 14 à Choify & le 15 feulement à Paris.

Mais ils devoient bien faire auffi un *alibi* pour le laquais
Saint-Jean ; il eût été bien plus fimple d'éloigner ce porteur
des billets que des témoins ont vu, que de prôner une prétendue abfence de M. de Richelieu, qui, dans tous les cas,
ne peut faire la moindre preuve contre les billets. Qu'on fe
rappelle l'époque que les Accufés ont donnée à cet envoi ;
elle n'eft ni précife, ni géométrique ; ils ont dit feulement *vers
le commencement de Novembre*, & ils n'ont cité le 13 & le 14
qu'avec cette modification, *autant qu'ils peuvent s'en reffouvenir*.
Du 10 au 15, *à peu près*, eft le terme moyen affigné par eux ;
tout ce qu'ils ont affirmé de pofitif, c'eft que c'étoit un jour
de Dimanche ou de Fête. Or, quoiqu'en dife M. de Richelieu,
il y avoit, du 10 au 15 Novembre 1773, d'autre Fête que le
Dimanche 14. Le 11 Novembre eft la Fête Saint Martin,
& il ne faut qu'un almanach pour inftruire à fond M. de Richelieu fur cet article. Or, quelle preuve rapporte-t-on que
du 10 au 15 M. de Richelieu n'ait pas été à Paris ? Qu'il ait été

aussi à Fontainebleau dans cet intervalle, si l'on veut : à qui persuadera-t-on qu'il n'ait pas pu aller, dans cette espace de tems, & plusieurs fois à Paris, & plusieurs fois à Fontainebleau ?

Que Madame de Saint-Vincent n'ait pu fixer le jour précis de l'envoi des billets ; qu'elle ne l'ait déterminé *qu'à peuprès*, & autant qu'elle pouvoit se le rappeller, ce n'est qu'un défaut de mémoire qui s'oppose à toute idée de fraude, & constate même la vérité de l'envoi. Que l'on admette en effet, avec M. de Riche-lieu * : *Que Madame de Saint-Vincent ait apposté un quidam, habillé de rouge, pour faire illusion à l'Abbé froment, & se ménager son témoignage*, ne faudra-t-il pas, en supposant cette manœuvre adroite, supposer aussi que Madame de Saint-Vincent l'aura faite dans un temps utile & favorable à ses projets ? Or elle voyoit très souvent M. de Richelieu ; elle recevoit tous les jours des lettres de lui, & elle savoit à merveille quand il étoit à la Cour ou quand il étoit à Paris. Ne seroit-il pas souverainement absurde, & absolument impossible d'imaginer qu'elle n'eût pas pris, pour exécuter son dessein, un jour où M. de Richelieu auroit été au vu & su de tout le monde à Paris ; le jour où, tout au plus, le lendemain d'un jour où M. de Richelieu fut allé chez elle ; jour dont elle auroit conservé la date par écrit ; jour qu'elle auroit déterminé positivement ; jour qu'elle auroit invariablement fixé ? . . . . . Cette espece d'incertitude de sa part, sur la détermination précise du jour, n'est donc qu'un effet naturel, un simple défaut de mémoire inhérent à un envoi réel, & incompatible avec un envoi supposé ?

Cette prétendue induction tirée de l'*alibi*, ne pouvoit point rassurer M. de Richelieu ; il en sentoit trop bien l'inutilité, & il falloit d'autres moyens contre la preuve certaine de l'envoi des billets. On ne pouvoit pas faire dire non plus que le Laquais Saint-Jean n'avoit jamais porté de lettres à Madame de

* Voyez le Mémoire de M. de Riche-lieu, intitulé : *Réfutation des faits*, pag. 35.

Saint-Vincent ; ce menfonge eût été trop aifé à confondre : voici l'expédient dont on s'avifa.

Falanpin, Valet-de-Chambre, dépofa que, » lorfque M. le » Maréchal étoit abfent, c'étoit à lui qu'il adreffoit toutes fes » lettres & paquets, pour les diftribuer à fes Gens, afin de les » remettre à leurs adreffes ; & qu'il étoit fûr qu'il n'avoit jamais » vu de paquets à l'adreffe de Madame de Saint-Vincent ; mais » trois ou quatre fois *de petites lettres toutes fimples* «.   * 13e Tém.

Le Secrétaire Clermont *, dépofa que » depuis neuf » ans qu'il eft Secrétaire de M. le Maréchal, c'étoit lui qui » avoit prefque toujours mis les adreffes des lettres que M. le » Maréchal avoit écrites à Madame de Saint-Vincent, & » qu'il étoit fûr de n'avoir jamais mis fous enveloppe, que *de* » *fimples lettres*, écrites fur de *très-petit papier* d'Hollande, très- » fort, & doré fur tranche : que jamais même il ne s'étoit ap- » perçu que M. le Maréchal fignât les lettres qu'il adreffoit à » cette Dame «.   * 24e Tém.

Le premier Laquais * fit chorus & dépofa, » qu'il n'avoit ja- » mais remis à Madame de Saint-Vincent aucun paquet de la » part de M. le Maréchal, *finon deux petites lettres*, & qu'il » avoit vu ouvrir ces lettres devant lui, & qu'il avoit vu que » l'une ni l'autre ne contenoient *aucun papier* «.   * 3e Tém.

Il n'y eut pas jufqu'au Suiffe qui ne voulut être de la partie, & qui dit * » qu'il fe fouvenoit d'avoir reçu quelques lettres de » la part de Madame de Saint-Vincent ; mais qu'il fe fouvenoit » également qu'il n'avoit jamais reçu *aucun paquet* de fa part. » Que quelquefois, à la vérité, il avoit bien reçu des lettres » fous enveloppe ; *mais que ces lettres n'étoient point de volume* » *à les faire caractérifer paquets* (1) «.   * 4e Tém.

Enfin le fameux Laquais Saint-Jean eut fon tour, & dépofa * » qu'il avoit effectivement porté plufieurs lettres de M. le Ma-   * 7e Tém.

---

(1) On reconnoît à cette phrafe le ftyle de l'Intendant Marion.

» réchal à Madame de Saint-Vincent ; mais qu'il ne lui avoit
» jamais porté de *paquets ;* qu'il remettoit ces lettres à Madame
» de Saint-Vincent en main propres ; qu'elle les ouvroit & les
» lifoit *devant lui* , & qu'il n'avoit jamais vu qu'aucune de ces
» lettres *contînt d'autres papiers* «.

C'eft ainfi que l'on fe flattoit de diminuer encore la certitude de l'envoi du paquet ; mais le ftratagême étoit mal-adroit. Il eft ridicule de dire que dans une correfpondance de plufieurs années , M. de Richelieu n'ait jamais écrit que de *très - petites lettres* à Madame de Saint Vincent. Il eft ridicule de dire que tous les Laquais de M. de Richelieu aient remarqué d'eux-mêmes , que ces lettres étoient *toutes petites & toutes fimples.* Il eft ridicule de dire que ces Laquais aient toujours affifté à la lecture qui a été faite des lettres , & qu'ils aient toujours vu ce qu'elles contenoient. Il eft ridicule de dire qu'un Suiffe , qui reçoit deux cens enveloppes tous les jours, ait pefé & mefuré celles qui lui venoient de la part de Madame de Saint-Vincent , & qu'il fe fouvienne, au bout de dix mois, qu'*elles n'étoient pas de volume à les faire caractérifer paquets.* Il eft ridicule. . . . . Mais pourquoi des raifonnemens, quand on peut prouver le faux par les faits ? Que l'on daigne fe rappeller une lettre exiftante au procès, qui a déja bien embarraffé M. de Richelieu , & qui pourra lui donner encore quelqu'inquiétudes, celle qui annonce l'envoi d'une lettre de change, fait par lui à Madame de Saint-Vincent : voici l'hiftoire que fait M. de Richelieu à ce fujet ;
» Madame de Saint-Vincent, dit-il (1) , vouloit quitter Paris :
» elle avoit écrit au Vicomte de Caftellane, pour lui demander
» cent écus néceffaires pour fon voyage. Le Vicomte de
» Caftellane avoit répondu qu'il ne pouvoit avancer ces
» cent écus. Madame de Saint-Vincent s'étoit alors adreffée
» à M. de Richelieu , pour en avoir cette fomme ; elle lui

____

(1) Voyez fon Mémoire intitulé : *Réflexions fur trois Lettres* importantes.

» avoit écrit, lui avoit même envoyé , dans ſa lettre , la
» lettre du Vicomte de Caſtellane : & M. de Richelieu, en
» bon & généreux parent , avoit fait réponſe à Madame de
» Saint-Vincent, & lui avoit fait paſſer ces cent écus en une
» lettre de change renfermée dans la lettre d'envoi qui eſt, dit-
» il , celle exiſtante au procès. . . . . . »

Ce n'eſt pas ici le moment de faire ſentir l'abſurdité de cette explication de M. le Maréchal de Richelieu.

Mais d'après cette explication même, voilà donc un paquet contenant une lettre du Vicomte de Caſtellane , & une lettre de Madame de Saint-Vincent, lequel a été envoyé à l'hôtel de Richelieu (1), de la part de Madame de Saint-Vincent.

D'après cette explication même, voilà auſſi un paquet contenant une lettre de change & une lettre d'envoi , lequel a été renvoyé de l'hôtel de Richelieu à Madame de Saint-Vincent.

Or, maintenant, vous M. le Suiſſe, *qui n'ave$z$ jamais reçu de paquet de la part de Madame de Saint-Vincent?* Vous M. le premier Laquais, *qui ave$z$ vu ouvrir toutes les lettres , & qui ave$z$ vu qu'elles ne contenoient aucun papier?* Vous, M. Saint-Jean , *qui n'ave$z$ jamais vu qu'aucune de ces lettres contînt autre choſe , que la lettre même?* Vous, M. Falempin, *qui ave$z$ vu toutes les lettres , & qui ave$z$ toujours vu qu'elles étoient petites & toutes ſimples?* Et vous auſſi, M. Boutiron, dit Clermont, *qui ave$z$ preſque toujours mis les adreſſes pour Madame de Saint-Vincent , & qui n'y ave$z$ jamais rien mis ſous enveloppe?* Dites-nous franchement, eſt-ce vous ou M. de Richelieu qui en impoſez? Eſt-ce lui, ou vous que vous voulez que l'on croye? M. de Richelieu a-t-il reçu un paquet de Madame de Saint-Vincent, & renvoyé un paquet à Madame de Saint-Vincent, comme il le dit lui-même? ou bien M. de Richelieu n'a-t-il reçu ni renvoyé de paquet ,

____

(1) M. de Richelieu a produit lui-même au procès cette lettre du Vicomte de Caſtellane, qui lui a été envoyée par Madame de Saint-Vincent.

comme vous le dites tous ? . . . . . Prenez enfin un parti. Ou défendez vos affertions, & foutenez le démenti que vous avez donné d'avance à M. de Richelieu ; ou cédez de bonne grace à votre maître, & convenez que vous êtes de faux témoins (1).

Toutes ces dépofitions d'anti-chambre ne pourroient, dans aucun cas, faire preuve contre Madame de Saint-Vincent ; mais quand elles font évidemment fauffes, quand il eft démontré qu'elles ont été fuggérées, quelle opinion doivent-elles donner au public & aux Juges de la caufe de M. de Richelieu ?

Il n'eft peut-être pas inutile de faire remarquer encore que tandis que tous ces gens affirmoient que M. de Richelieu avoit toujours écrit de *petites lettres* à Madame de Saint-Vincent, les Experts Paillaffon & Pothier, foutenoient d'un autre côté dans leur rapport, que les lettres étoient fauffes, parce qu'elles étoient petites, attendu, difoient-ils *, *qu'il n'entrera jamais dans la tête d'un homme qui penfe, qu'un Maréchal de France, qui fait les ufages, & qui n'ignore pas les égards que l'on doit à une Dame de condition, lui écrive tantôt fur du grand & du petit papier, tantôt fur une feuille fimple & fans être double ;* enforte que, fuivant les uns, Madame de Saint-Vincent n'avoit pas reçu des billets, parce que M. le Maréchal de Richelieu lui avoit toujours écrit *de petites lettres*, & que, fuivant les autres, ces lettres n'avoient pas été écrites par M. de Richelieu, parce qu'elles *étoient petites*. Qu'elle admirable logique ! Elle eft bien faite pour la caufe de M. de Richelieu.

Un fecond fait effentiel au procès eft la vérification des billets faite chez Me Dumoulin, Notaire, & l'affertion de cet Officier public, *que ces billets étoient véritablement foufcrits* par M. le Maréchal de Richelieu. A qui perfuadera-t-on en effet

---

(1) Il refte une reffource à M. de Richelieu, c'eft de dire qu'une lettre de change de cent écus ne pefe pas autant qu'une lettre de change de cent mille écus.

que

que fi les billets étoient faux, les fauffaires les euffent préfentés au Notaire même de M. de Richelieu, qu'ils euffent permis aux acheteurs d'en aller faire la vérification chez lui, & que ce Notaire inftruit des affaires fecrétes de M. de Richelieu, & connoiffant fa fignature *comme la fienne propre**, n'eût élevé aucun doute fur la vérité des billets & fur la certitude du paiement ? Il falloit donc tenter auffi d'affoiblir ce fait, & l'ordre en fut donné à Me Dumoulin lui-même.

Envain allégua-t-il d'abord & la foibleffe de fa mémoire, & fon extrême timidité, & fa bonhomie naturelle qui le rendoit peu propre à une commiffion de cette efpéce. Il fallut obéir ou n'être plus le Notaire de M. de Richelieu. Me Dumoulin fe réfolut donc à dépofer.

Mais admirez ici comment ce Notaire fut arranger toutes chofes ! il eut tout à la fois & le talent de ne point déplaire à M. de Richelieu, & l'attention de ne point en impofer à la Juftice. Il débita toutes les fauffetés que l'on voulut lui prefcrire ; mais il prit en même temps toutes les précautions imaginables pour que perfonne n'y ajoutât foi. Ce qu'il dit dans un moment, il le rétraƈta dans un autre ; ce qu'il venoit de rétraƈter, il le foutint de nouveau, & il fe rétraƈtoit encore fur ce qu'il venoit de foutenir, enforte que l'on remarquoit parfaitement dans le cours de fes dépofition, récolement & confrontation, qu'il étoit agité en deux fens différens & par deux motifs contraires. Par exemple, fi par complaifance pour M. de Richelieu il ofoit dire qu'il *n'avoit point affuré pofitivement la vérité des fignatures, qu'elles lui avoient même paru un peu maigres** ; le moment d'après il ajoutoit, * *qu'il avoit préfumé que M. le Maréchal avoit fait cette fignature à pied levé avec une plume qui n'étoit pas la fienne*, enforte que l'on ne pouvoit croire qu'il *n'avoit pas reconnu* pour être de M. de Richelieu, des fignatures *qu'il avoit reconnu* avoir été faites par M. de Richelieu à pied levé.

Si par complaisance encore, & pour ne pas perdre sa place, il disoit * *qu'il avoit dit au sieur de Préville qu'il étoit fort étonné que M. le Maréchal eût fait un pareil billet, parce que depuis trente-cinq ans qu'il connoissoit les affaires de M. le Maréchal, il ne lui avoit jamais vu faire de ces sortes de billets ;* il ajoutoit sur le champ, de peur que l'on n'ajoutât foi à ce qu'il venoit de dire, * *qu'il avoit dit au sieur de Preville que ce billet étoit excellent, & qu'il seroit payé à son échéance, & qu'il avoit d'autant plus lieu de le présumer, que M. le Maréchal avoit une somme de soixante mille livres à recevoir à peu près dans l'échéance de ce billet.*

Si le même motif de complaisance le portoit à affirmer * *que l'inspection seule des lettres & signatures arguées de faux, lui faisoit croire qu'elles étoient fausses & faussement fabriquées ;* il prévenoit ses Juges de n'avoir aucun égard à cette assertion, parce que * *lorsque le sieur Bachois lui avoit présenté les pieces arguées de faux, il avoit expliqué sa façon de penser à cet égard, comme simple conversation familiere, ne s'attendant pas que cette conversation seroit écrite comme déposition.*

Si de peur de déplaire il ne rétractoit pas cette *conversation familiere* que le sieur Bachois avoit hapée au passage, & s'il répétoit encore que *les signatures lui paroissoient fausses* *, il avoit grand soin d'avertir * que la prévention seule déterminoit cette croyance, *parce que jusqu'au moment du procès, il étoit,* disoit-il, *intimément persuadé que le billet de soixante mille livres avoit été souscrit par M. le Maréchal* * ; *mais qu'à présent qu'il* ÉTOIT PRÉVENU *contre ces signatures, il pensoit qu'elles n'étoient pas de lui, attendu que lorsque l'on connoît l'état des choses, il est bien plus aisé de les voir comme elles doivent être vues,*

* Déposition.

* Idem.

* Voyez son récollement.

* Confrontation au sieur de Préville.

* Idem.

* Idem.

Idem.

que lorfqu'on eft pris à l'improvifte , fans être prévenu de rien *. En un mot, il n'eft aucune précaution que n'ait prife Me Dumoulin pour ne rien laiffer croire de ce qu'il avoit ordre de dépofer. Heureux s'il eft parvenu à ne pas déplaire, comme il a réuffi à ne pas être cru !

Tandis que le fieur Dumoulin rétraɛtoit ainfi la reconnoiffance qu'il avoit faite des billets, le fieur Doumaing * rétraɛtoit plus honteufement encore celle qu'il en avoit faite lui même. Cet ancien Secrétaire de M. de Richelieu avoit vu quelques billets entre les mains de l'Abbé de Villeneuve , & il s'étoit écrié ; *qu'il mettroit fa tête à couper que M. de Richelieu les avoit faits.* Mais cet homme étoit prifonnier au Fort-l'Evêque ; mais cet homme étoit plongé dans la plus affreufe mifere ; on lui offroit la liberté & de l'argent ; pouvoit-il ne pas faifir cette heureufe occafion de corriger les rigueurs de la fortune ?

La fubornation pratiquée envers ce témoin eft prouvée au procès. C'eft le fieur Clermont, Secrétaire de confiance de M. de Richelieu , qui en dirigea toute la manœuvre, & il a été forcé de convenir, lors de fes confrontations * , *qu'il avoit été voir Doumaing au Fort-l'Evêque , & qu'il lui avoit donné huit ou dix louis en différentes fois.* Envain a-t-il allégué un motif de charité pour juftifier ces odieux bienfaits. Quelle eft donc cette charité qui avoit vu fouffrir pendant fix mois un malheureux fans lui offrir un écu, & qui s'étoit réveillée au moment précis où l'on alloit faire entendre cet homme , & où l'on avoit befoin d'un défaveu de fa part ? Quelle eft cette charité qui ne naît que de l'intérêt perfonnel, & que la paffion feule dirige & développe ? Eh ! qu'y a-t-il de commun entre le vil falaire du crime & la générofité de la vertu ?

Envain allégue-t-il encore que fes vifites & fes dons ont été

* *Idem.*

* Deuxieme témoin ; voy. fon récollement.

* Voyez les confrontations de Clermont à Madame de Saint-Vincent & à M. de Vedel.

poftérieurs à la dépofition de Doumaing. Doumaing avoit dépofé, il eft vrai; mais il n'étoit pas récolé : Doumaing n'avoit rien dit dans fa dépofition ; & c'étoit pour le faire rétraƐter à fon récollement qu'on lui faifoit ces vifites & ces dons : ce n'eft auffi qu'à fon récolement, fruit de la féduƐtion & de l'impofture, que Doumaing s'eft rétraƐté.

Clermont a été forcé de convenir encore qu'il avoit écrit à Doumaing pour l'engager à dépofer, & il rapporte lui-même la teneur de fa lettre *. » Vous n'êtes détenu dans les prifons » (mandoit-il à Doumaing) que parce que vous êtes foup- » çonné d'avoir eu part à la fabrication des billets argués de » faux par M. le Maréchal ; il peut bien fe faire que vous n'y » foyez entré pour rien , & je me plais à le croire ; mais la » liaifon intime dans laquelle vous étiez avec Canron doit » faire préfumer que vous favez quelque chofe de cette affaire ; » *dites ce que vous favez*, & je crois pouvoir vous dire moi- » même avec franchife, QUE VOTRE LIBERTÉ EST A CE PRIX : toutes réflexions fur cette lettre feroient inutiles. Retenir de fon autorité propre un Citoyen dans les fers ! faire dépendre fa sûreté du témoignage qu'il rendra ! le forcer à devenir témoin ou le laiffer lui-même fous l'inculpation ! mettre fa liberté à prix !... De tels excès n'ont befoin que d'être racontés. Ma- giftrats ! les laifferez-vous impunis ?

On ignore , dit M. de Richelieu, *fur quel prétexte Clermont a pu faire une promeffe qui étoit au moins INDISCRETTE (1). La liberté de Doumaing ne dépendoit pas de M. de Richelieu.*

Mais Madame de Saint-Vincent ignore bien davantage com- ment il a pu fe faire que cette promeffe *fi indifcrete* ait néan- moins été fi fidellement tenue. Le prix avoit été annoncé, & le

<hr>

(·) INDISCRETE ! M. de Richelieu ne trouve peut être d'autre mal à toutes ces démarches que celui de ne les avoir pas faites avec affez de prudence & de myftere.

prix a été payé. A peine Doumaing a-t-il eu dit *quelque chofe*, que les portes du Fort-l'Evêque fe font ouvertes pour le laiffer fortir ; la condition une fois remplie, l'effet s'en eft enfuivi..... Mais il eft bien clair que M. de Richelieu ne fait pas comment tout cela s'eft fait.

Toutes ces rétractations ne produifoient cependant aucune conviction contre Madame de Saint-Vincent, & des preuves négatives ne fuffifoient pas à M. de Richelieu.

Une imagination vive & ardente, une tête folle & légére, un efprit actif & peu réfléchi, des travers de conduite que M. de Richelieu lui-même avoit entretenus & favorifés, avoient pu jetter Madame de Saint-Vincent dans une foule d'étour-deries & d'inconfidérations, & il falloit effayer de traveftir en crimes ces foibleffes & ces fautes.

Un *accepté Pechot* avoit été mis au bas d'un mandat pour tromper l'avidité de la dame Saint-Jean, qui vouloit négocier ce mandat. Ce mandat n'exiftoit plus ; cet *accepté* n'avoit fait la matiere d'aucune plainte ; les circonftances qui lui étoient propres, la maniere dont il avoit été fait, la main même qui l'avoit écrit, tout prouvoit qu'il n'étoit point un faux & qu'il ne pouvoit avoir été deftiné à fervir à un faux. M. de Riche-lieu entreprit cependant de faire de cet *accepté* une preuve & une conviction contre Madame de Saint-Vincent.

Les fieurs * Peixotto, Julien, Dumas & la dame Saint-Jean furent entendus fur ce fait.

*23, 12, 16 & 1er témoins.

Le fieur Peixotto dépofa « n'avoir jamais vu ni accepté de » mandat de la part de Madame de Saint-Vincent, mais feu-» lement avoir reçu deux lettres de cette dame, par lefquelles » elle lui demandoit de l'argent à emprunter ». Et le fieur Peixotto avoit raifon.

Le fieur Julien dépofa « qu'il n'avoit pas l'honneur de con-

» noître Madame de Saint-Vincent ; mais que le fieur Dumas,
» qu'il connoît, lui avoit préfenté une lettre de change de
» cent mille écus , fur laquelle on fe contentoit de 24000
» livres ; mais qu'il avoit reconnu fur le champ que ce n'étoit
» pas là l'écriture ni la fignature du fieur Peixotto ». Et le fieur
Julien avoit raifon.

Mais la dame de Saint-Jean , femme intrigante , de la plus
mauvaife conduite , & à qui cinquante ans d'expérience ont
donné l'habitude d'en impofer encore ; mais le fieur Dumas,
ami de la dame Saint-Jean , logé dans la même maifon , man-
geant à la même table , vivant des mêmes revenus & ayant
la même façon de penfer qu'elle , follicités l'un & l'autre par
M. le Maréchal (1) , dépoferent « que ce mandat leur avoit
» été remis par Madame de Saint-Vincent pour trouver 24000
» livres chez quelque Banquier , & notamment chez le fieur
» Julien , Correfpondant du fieur Peixotto ; & que le fieur
» Julien , à l'infpeftion du mandat, qui lui fut préfenté par le
» fieur Dumas , avoit trouvé la fignature de Peixotto évidem-
» ment fuppofée ».

A ces dépofitions, M. le Maréchal jetta des cris de joie , &
fes partifans publierent que Madame de Saint-Vincent étoit
convaincue ; mais leur triomphe fut de courte durée.

Sans s'arrêter en effet à difcuter toutes les petites contra-
diftions qui regnent dans les dépofitions du fieur Dumas &
de la dame de Saint-Jean ; fans faire remarquer que celle-ci

(1) Madame de Saint-Jean n'a pu nier aux confrontations avoir vu M. le Maréchal ; elle a dit feulement que cette vifite n'étoit qu'une *politeffe d'ufage* pour
lui demander permiffion de l'affigner. Elle n'a pas nié non plus avoir vu l'Intendant
Marion, & celui-ci *par politeffe* encore pour lui demander le jour auquel elle vouloit être affignée. Mais M. de Richelieu ne pouvoit-il pas faire *la politeffe* entiere ?
Et puifqu'il demandoit permiffion d'affigner , demander auffi le jour, ... tant de
politeffe pourroit bien être quelque chofe de fort mal-honnête.

oſa dire qu'elle avoit *vu deux accepté Pechot*, tandis que les interrogatoires & les confrontations des Accuſés, tandis que les dépoſitions & le ſilence des autres témoins établiſſent qu'il n'y a jamais eu qu'un ſeul *accepté* au bas d'un ſeul mandat, tandis même que la forme du premier mandat s'oppoſoit à toute eſpece d'acceptation. Sans obſerver non plus que le ſieur Dumas avoit dit * que « c'eſt à lui que Madame de Saint-Vincent » avoit remis ce mandat pour le préſenter au ſieur Julien, » & que la dame Saint-Jean, de ſon côté, avoit dit * « que c'eſt à » elle que Madame de Saint-Vincent avoit envoyé ce mandat » par ſa femme de chambre, & que c'eſt elle-même qui l'a- » voit remis au ſieur Dumas, en le priant de s'employer pour » Madame de Saint-Vincent ». Sans relever aucune de ces fauſſetés établies au procès, que réſultoit-il de toutes ces dé-poſitions contre Madame de Saint-Vincent?

* Dépoſition du Sʳ Dumas.

* Dépoſition de la dame Saint-Jean.

Eſt-ce la préſentation de ce mandat *accepté Pechot*, faite au ſieur Julien, Banquier, qui eſt un faux ; ou eſt-ce *l'accepté* lui-même ?

La préſentation n'eſt point du fait de Madame de Saint-Vincent, & elle appartient toute entiere à la dame de Saint-Jean & au ſieur Dumas. En vain, pour voiler leur honteuſe cupidité, ont-ils allégué un ordre de Madame de Saint-Vincent : ils n'en rapportent aucune preuve, & il eſt impoſſible que cet ordre, que le ſieur Dumas dit avoir reçu de Madame *de Saint-Vincent*, tandis que la dame de Saint-Jean dit *l'avoir donné elle-même au ſieur Dumas, après l'avoir reçu d'une femme de chambre*, ait été donné ni à l'un, ni à l'autre. Il ne faut, pour s'en convaincre, que réfléchir un ſeul inſtant à la maniere dont étoit fait cet *accepté Pechot*. Madame de Saint-Vincent l'avoit fait écrire par le ſieur Canron : le ſieur Canron n'avoit cherché ni à déguiſer ſon écriture, ni à contrefaire celle d'un autre ; il n'avoit pas même fuivi l'orthographe du nom de Peixotto, & il avoit tranfcrit un mot imaginaire qui n'eft le nom de perfonne, & qui ne pouvoit tromper perfonne, *Pechot*. N'étoit-il donc pas abfolument impoffible que Madame de Saint-Vincent, qui fçavoit que cet *accepté* groffier n'étoit revêtu d'aucun caractere de vérité, qui fçavoit qu'il ne portoit pas même le nom du Banquier Peixotto, eût ordonné que l'on préfentât ce même *accepté* au Correfpondant du fieur Peixotto lui-même ? Quoi ! Madame de Saint-Vincent fe feroit flattée que, fur une fignature qui n'étoit, comme le dit le fieur Julien, *ni contrefaite, ni imitée* * ; que fur une fignature qui, comme eft forcé d'en convenir le fieur Dumas lui-même *, *ne reffembloit en aucune maniere aux véritables fignatures du fieur Peixotto* ; que fur une fignature qui n'étoit pas conforme à l'orthographe du nom qu'elle vouloit imiter ; que fur une fignature figurée *Pechot* au lieu de *Peixotto* ; que fur une pareille fignature, un Banquier quelconque, le Correfpondant du fieur Peixotto eût avancé une fomme de 24000 livres ? De pareilles idées font trop abfurdes pour avoir befoin d'être réfutées..... Ce ne pouvoit donc être que le fieur Dumas & la dame de Saint-Jean qui, conduits par leur avidité & trompés par leur ignorance, fe fuffent portés à des démarches tout auffi infructueufes que mal-honnêtes ; & encore une fois il étoit impoffible que Madame de Saint-Vincent y eût aucune part.

Ce n'eft donc que *l'accepté* lui-même qu'il faut attribuer à Madame de Saint-Vincent : mais eft-ce là une preuve qu'elle a fabriqué les lettres & les billets ? n'eft-ce pas au contraire une forte de démonftration qu'elle ne peut en être l'auteur ? Que l'on réfléchiffe encore à la mal-adreffe groffiere de ce barbouillage imprudent, & qu'on le compare avec la fublimité & l'élévation des talens que fuppoferoit la fabrication des

douze

* Confrontation du fieur Julien à Madame de Saint-Vincent.

* Confrontation du fieur Dumas à Madame de Saint-Vincent.

douze billets, des douze *bon pour & des vingt-trois lettres* dont il s'agit au procès. Quelle gaucherie & quelle bêtise d'un côté ! quelle perfection & quel chef-d'œuvre de l'autre ! La même cause auroit-elle donc produit des effets aussi différens? & tant d'artifice seroit-il compatible avec tant de mal-adresse & d'ignorance ?

Madame de Saint-Vincent avoit autant d'intérêt à calquer la signature de Peixotto que de calquer celle de M. de Richelieu ; c'étoit même une suite nécessaire de la fabrication du mandat ; il devenoit inutile sans acceptation.

Madame de Saint-Vincent avoit la même facilité de calquer signature de Peixotto que de calquer celle de M. de Richelieu ; elle avoit de l'écriture de ce Banquier, comme elle en avoit de M. de Richelieu ; & M. de Richelieu, qui devine tout, a deviné * *que Madame de Saint-Vincent n'avoit proposé un emprunt à Peixotto qu'afin d'avoir de son écriture & des modeles de contrefaction.*

         * Pages 32 & 44 de son gros Mémoire.

Madame de Saint-Vincent auroit donc nécessairement calqué la signature du sieur Peixotto, comme on prétend qu'elle a calqué celle de M. de Richelieu. Les mêmes talens, les mêmes moyens l'auroient donc conduite aux mêmes résultats pour l'une & pour l'autre des signatures. Il y auroit donc les mêmes traits de ressemblance, les mêmes marques de vérité dans les unes que dans les autres ; la disparité frappante qui regne entre celles de l'*accepté* & celles des billets, prouve donc qu'elles ne sont pas du même auteur : cet *accepté* prouve donc que Madame de Saint-Vincent n'a pas fait les billets.

Mais, s'écrie M. de Richelieu dans son nouveau gros Mémoire*, *si le mandat eût été veritablement signé de M. de Richelieu, Madame de Saint-Vincent l'auroit-elle gâté, altéré, vicié par une acceptation qui lui ôtoit toute valeur, tout crédit, toute confiance ?* ...

         * Page 42.

On a déjà répondu cent fois à M. de Richelieu que cet *accepté* ne gâtoit rien, qu'il étoit tout au bas du mandat, de maniere qu'il pouvoit se couper, & le mandat rester en entier. Ce mandat a été vu depuis *sans accepté* & il n'étoit ni vicié ni altéré.

Les autres témoins de cette information ne déposerent d'aucun fait essentiel ou relatif à l'affaire, & la plupart n'ont pas même été confrontés à Madame de Saint-Vincent. Il n'en est donc résulté aucune conviction contr'elle. En est-il résulté davantage de l'information faite à Milhaud ?

Premiere information de Milhaud.

Un bourgeois de Milhaud, nommé Combettes, & qui se fait appeller tantôt Deslandes & tantôt Lacassaigne, petit homme dévoré d'ambition & voué à la bassesse, lié d'amitié avec quelques valets de M. de Richelieu, fut chargé des détails de cette information. Mais soit que ses grands talens pour l'intrigue ne fussent pas encore bien développés ; soit que sa réputation de menteur éloignât la confiance & mît en garde dans les premiers instans contre ses promesses ; soit qu'il n'eût pas reçu d'abord des pouvoirs assez étendus, il ne parvint à rassembler que quelques témoins inutiles & étrangers à l'affaire. De tous ceux qu'il fit entendre, il n'y a que le sieur Bonhomme & Madame Despradels qui aient été confrontés à Madame de Saint-Vincent, ils sont honnêtes l'un & l'autre, & leurs dépositions ne contiennent rien qui puisse faire la moindre charge au procès.... Enfin, le recruteur parut lui-même sur les rangs, & prenant pour soutien le fameux Baron de Roquetaillade, il osa mêler sa voix à celle de ce proscrit, & débita, comme lui, une foule d'absurdités & de mensonges.

Voyez leurs dépositions.

Il regne entre ces deux témoins un concert évident & suspect : l'un dit* « que Madame de Saint-Vincent faisoit des » dettes », & l'autre « qu'il lui avoit prêté de l'argent »; l'un » qu'elle se vantoit d'être en relation avec M. de Richelieu », & l'autre « qu'elle promettoit la protection de M. de Riche-

27

» lieu » ; l'un « que Madame de Saint-Vincent lui avoit pro-
» pofé pour avoir de l'argent des moyens qui lui faifoient hor-
» reur », & l'autre « qu'il avoit oui-dire à Canron que Ma-
» dame de Saint-Vincent lui avoit fait des propofitions qui lui
» firent horreur »; l'un « que Madame de Saint-Vincent lui
» ayant fait voir des lettres de M. de Richelieu, & le fieur
» Combettes lui en ayant fait voir auffi, il avoit jugé que la
» lettre de Madame de Saint-Vincent étoit fauffe », & l'autre
» que le fieur de Roquetaillade ayant vu plufieurs lettres de
» M. de Richelieu à Madame de Saint-Vincent, il avoit *penfé*
» que Madame de Saint-Vincent avoit fuppofé ces lettres » .....
On ne trouve dans ce double amas d'inepties & de fauffetés
qu'un feul efprit & un même langage: mais les confrontations ont
confondu ces vils impofteurs & détruit à jamais leurs calomnies.

Roquetaillade eft fommé de dire quels étoient ces moyens
qui lui avoient fait horreur, & il ne peut en indiquer aucun ;
bientôt il avoue *que Madame de Saint-Vincent ne lui a fait voir
aucune des lettres de change* qu'il difoit lui avoir été montrées;
il avoue enfuite *qu'il ne connoît ni l'écriture ni la fignature de
M. de Richelieu*, & un moment après il avoue encore *qu'il ne
fait pas fi les lettres de Madame de Saint-Vincent ou celles du
fieur Combettes étoient vraies ou fuppofées :* enfin, confronté avec
M. de Vedel, il rétraƐte fa dépofition entiere, &, tout couvert de honte, il finit par dire *qu'elle a été mal rédigée* *.

Son digne collegue, le fieur Combettes, veut fe juftifier auffi ;
mais il ne fait que démafquer de plus en plus fa fubornation &
fon crime. Reproché par Madame de Saint-Vincent comme un
menteur public, connu pour tel dans tout Milhaud (1), comme

* Voyez fa
confrontation.

(1) On ne fçait pourquoi M. de Richelieu qualifie, dans fon nouveau Mémoire,
(page 24) cet homme de *Magiftrat*. Il ne l'eft pas, & il n'eft pas fait pour l'être, à moins
que M. de Richelieu ne l'ait fait Juge de fes Terres, pour le récompenfer de fes foins.

un intriguant qui s'eft pratiqué des intelligences avec M. de Richelieu, ou du moins avec fes valets, comme le recruteur en titre des témoins du Rouergue, ce fieur Combettes, pour toute réponfe, tire de fa poche une lettre que lui écrivit Madame de Saint-Vincent il y a dix ou douze ans, & il la dépofe au procès, en s'écriant : *je fuis un honnéte homme, je fuis un honnéte homme....* Mais quel rapport y a-t-il entre cette lettre & les reproches que l'on fait au fieur Combettes? Quel rapport y a-t-il entre cette lettre & fa dépofition ? Pourquoi donc la dépofe t-il ? A quel ufage l'a-t-il deftinée? Il n'y a que M. de Richelieu au monde qui puiffe argumenter de cette lettre ; c'eft donc M. de Richelieu qui la fait produire par le témoin ; le témoin eft donc d'intelligence avec M. de Richelieu ; le témoin eft donc...... ne faut-il pas s'écrier avec lui, *c'eft un honnéte homme, c'eft un honnéte homme ?* ...... Mais quittons ces témoins qui ont fait tant preuve *d'honnéteté,* & dont l'un, chaffé des Gardes du Corps pour efcroquerie , condamné à reftitution par le Parlement de Paris, décrété, banni par Sentence du Sénéchal de Villefranche , détenu en ce moment même dans les prifons du Parlement de Touloufe, s'écrie peut-être auffi qu'il eft *un honnéte homme.*

L'information étoit clofe, & l'ordonnance de jonction au procès déja rendue, lorfque le fieur Combettes, à force de recherches, de promeffes & de foins, découvrit encore deux témoins, dont l'un eft un valet de louage, nommé Amans, & l'autre un Médecin, nommé Antoine. Sans nouvelle commiffion rogatoire, fans nouveau pouvoir, & n'ayant d'autres ordres que ceux qu'il recevoit de ce fieur Combettes, le Juge de Milhaud prit fur lui de recommencer une information & d'entendre ces deux témoins.

DEUXIEME INFORMATION DE MILHAUD.

Amans n'a pas été confronté ; mais il a dépofé, dit-on, qu'il avoit été enfermé pendant fix jours. Il pourroit l'être pendant toute fa vie fans que cela fît rien à Madame de Saint-Vincent.

Le Médecin dépofe * « que Madame de Saint-Vincent lui
» avoit remis une lettre par laquelle M. le Maréchal promettoit
» de s'intéreffer à lui, pour lui procurer une place dans un Hô-
» pital militaire ; qu'ayant comparé cette lettre avec une autre
» lettre écrite par M. le Maréchal au Corps municipal de
» Milhaud, il s'apperçut qu'elle étoit fauffe, & qu'il l'a remit
» avec indignation à la femme de chambre de madame de
» Saint-Vincent ».

Il fuffiroit peut-être de répondre que cette dépofition eft
nulle de plein droit, qu'elle eft feule fur un fait dont il n'exifte
la moindre trace nulle part, qu'elle a été reçue par un Juge
fans commiffion, rédigée fur un cahier particulier, & qu'elle
n'eft revêtue d'aucune forme légale : mais combien eft abfurde
dans toutes ces circonftances le fait qu'elle fuppofe ? Fabrique-
t-on des lettres fans motif & fans intérêt ? Et quel intérêt pouvoit avoir Madame de Saint-Vincent à fabriquer une fauffe
lettre pour le Médecin de Milhaud ? Pour paroître *reconnoif-
fante* à fon égard, il n'étoit pas befoin de lettres, il ne falloit
que des paroles. Promettre d'écrire à M. le Maréchal, dire que
M. le Maréchal accorderoit la grace demandée, eut fuffi, fans
doute, pour tromper le Médecin. Pourquoi donc montrer une
lettre ? Pourquoi donc en fabriquer une ?... Ce fieur Antoine
avoit dit dans fa dépofition qu'il avoit *comparé* cette prétendue
lettre fauffe avec une lettre de M. le Maréchal au Corps
municipal de Milhaud, & à fa confrontation il a été forcé
d'avouer que cette lettre au Corps municipal n'étoit pas écrite
par M. de Richelieu, mais de la main d'un Secrétaire ; or,
il eft impoffible qu'il ait pu *comparer* cette prétendue lettre
fauffe avec une autre lettre qui n'étoit pas de la main de M. de
Richelieu. Il avoit dit encore que c'eft à Marion *, femme de
chambre de Madame de Saint-Vincent, qu'il avoit remis cette

* Voyez fa
dépofition.

* Confronta-
tion du fieur
Antoine à Ma-
dame de Saint-
Vincent.

lettre, & Madame de Saint-Vincent avoit fupplié ** la Cour de faire entendre fa femme de chambre fur cet objet. La femme de chambre a été entendue, & elle a défavoué * formellement ce fait. Le Médecin eft donc démenti, & par le fait lui-même, & par la dénégation conftante & foutenue de Madame de Saint-Vincent, & par la dépofition de la femme de chambre ordonnée par Arrêt. Ce n'eft évidemment que l'efpoir d'obtenir, enfin, l'Hôpital, après lequel il court depuis fi long-temps, qui l'a engagé à dépofer, & la Juftice ne peut avoir aucun égard à fon témoignage fufpeét & mendié.

Au refte quand tous ces faits feroient vrais, quand tous ces témoins feroient honnêtes, quand toutes leurs dépofitions feroient conftatées, qu'en réfulteroit-il contre Madame de Saint-Vincent ? Seroit-ce une preuve qu'elle a fait les lettres & les billets ? Aucun des vingt-fept témoins de la premiere information de Paris, aucun des trente-fix témoins de la feconde, aucun des dix-fept témoins de la premiere information de Milhaud, aucun des deux témoins de la feconde n'ont parlé ni du prétendu faux, ni de la prétendue fabrication de ces lettres & billets ; tous ces témoins n'ont donc point encore opéré la conviétion de Madame de Saint-Vincent. Cette conviétion réfulte-t-elle enfin de l'information faite à Poitiers ?

Il étoit auffi à Poitiers des valets & des décretés, & M. de Richelieu, dont le taét eft fûr, ne pouvoit manquer de les choifir pour témoins. Deux femmes nommées Martiniere & Godiniere, l'une perdue de réputation & de mœurs, l'autre décretée & pourfuivie extraordinairement par fon mari, toutes deux renfermées pour leur conduite fcandaleufe, toutes deux ennemies de Madame de Saint-Vincent, toutes deux capables de fe porter aux plus grands excès, toutes deux indignes de la moindre croyance, furent deftinées à étayer de leur témoignage impofteur le fyftême du calcage à la vitre que les Experts devoient faire valoir dans leur rapport. Ce fyſtême abſurde ſuppoſoit que Madame de Saint - Vincent ſçait cal-quer, & qu'elle avoit pris une phraſe dans une lettre, un mot dans une autre, pour en compoſer des lettres entieres & les faire cadrer à ſes projets, & cette ſuppoſition extravagante fut ré-pétée & ſoutenue par ces femmes hardies : mais quel Magiſtrat n'a ſenti à la lecture de leurs dépoſitions qu'elles étoient fauſſes & ſuggérées ? quelle ame honnête n'y a pas reconnu dans les faits & dans le ſtyle le langage concerté de la ſéduction & de l'impoſture ? la femme Martiniere dit * « que Madame de Saint-» Vincent avoit ſuppoſé très-ſouvent des lettres, tant de M. le » Maréchal de Richelieu que de M. de Vedel, & qu'elle con-» trefaiſoit l'écriture de ces deux perſonnes », & ſur le champ elle ſe retracte, en diſant « qu'elle ne lui a pas vu contrefaire » celle de M. de Vedel, mais que ſeulement elle lui a vu con-» trefaire celle de M. de Richelieu pour s'en ſervir auprès de » M. de Vedel & l'induire en erreur »..... Peut-on ne pas voir à ces héſitations l'incertitude d'une écoliere qui répéte une leçon & des mots étrangers, & qu'une mémoire chancelante oblige de s'arrêter & de s'interrompre elle-même pour retrouver le fil des paroles qu'elle a appriſes ? Quel témoin ſincere, fût-il le plus ſtupide des hommes, alléguera un fait pour un autre, & avancera par mépriſe des fauſſetés & des calomnies ? on peut ſe tromper ſur un mot, on peut ne pas connoître la force d'une expreſſion; mais ſe méprendre ſur un fait ! mais dire j'ai vu, au lieu de dire je n'ai pas vu !.... non, on ne le peut pas quand on eſt de bonne foi. N'eſt-ce pas le même défaut de mémoire qui fait que la femme Godiniere oubliant auſſi ſa leçon dit : que Madame de Saint-Vincent contrefaiſoit de fauſſes lettres pour faire eſpérer à M. de Vedel le *Brevet de Lieutenant Général des Armées.* Qu'eſt-ce qu'un brevet de Lieutenant Général ? & que veulent dire de pareilles inepties ?..... La femme Martiniere dit enſuite *

« Que pour contrefaire les lettres de M. le Maréchal, Madame
» de Saint-Vincent se servoit d'une vitre, & lorsque les phrases
» des lettres de M. le Maréchal ne cadroient pas en entier aux
» projets de Madame de Saint-Vincent, elle prenoit un mot
» dans une lettre, un autre dans une autre, & ajoutoit ainsi une
» suite de discours ». N'est-ce pas encore-là le langage suggéré
de l'opinion des Experts? n'est-ce pas un écho de leurs impos-
tures, & non un témoin vrai que l'on vient d'entendre? ces paroles, ces idées, ces assertions, tout cela n'appartient-il pas en
entier à M. le Maréchal de Richelieu? Que l'on compare cette
déposition avec celle de la femme Godiniere, autre témoin de
la même espece, & l'on y trouvera les mêmes idées & presque
les mêmes mots. Madame de Saint-Vincent, dit-elle * « contre-
» faisoit des lettres de M. de Richelieu en les appliquant contre
» une vitre, & en mettant à l'envers un morceau de papier sur
» lequel elle copioit ce qu'elle vouloit, & lorsqu'une phrase
» entiere de M. le Maréchal ne convenoit pas au projet de
» Madame de Saint-Vincent, elle prenoit un mot dans un
» endroit, un mot dans un autre, de sorte qu'elle composoit
» une suite de discours relatifs à ce qu'elle vouloit faire »; seroit-
il possible que cette uniformité de dépositions, cette identité de
détails, ce choix des mêmes paroles fussent l'effet du hasard,
n'est-ce pas évidemment le résultat d'une préméditation & d'un
complot? Ragueneau mort en prison il y a cent ans, auteur
connu de M. de Richelieu & cité par lui, a fait un livre où l'on
trouve ces dépositions toutes entieres & presque dans les mêmes
termes. N'est-ce pas-là le foyer auquel elles ont été formées & la
source infecte d'où sont sortis aussi les témoignages des Experts?

Quel concert plus évident peut donc annoncer à la Justice
la marche de l'intrigue & de la calomnie? mais ce qui doit
confondre ces témoins, c'est qu'à la confrontation la femme
Martiniere a été forcée de convenir « qu'elle ne connoissoit pas
» l'écriture

* Voyez la
pièce XII.

» l'écriture de M. de Richelieu , après avoir attefté fous la foi
» du ferment qu'elle avoit vu calquer cette écriture ». Quoi !
elle ofe jurer que c'eft l'écriture de M. de Richelieu qu'elle a
vu calquer , & elle ne connoît pas l'écriture de M. de Richelieu ? Quoi ! elle a l'impudence de dire * que quoiqu'elle ne
connoiffe pas cette écriture , elle foutient néanmoins qu'elle l'a
vue calquer par Madame de Saint-Vincent.... Magiftrats, encore
une fois , laiſſerez-vous ces excès impunis ?

* Confrontation à Madame de Saint-Vincent.

Quelle opinion peut-on donc avoir de tous ces témoins qui
difent avoir vu calquer ? l'un détruit & prouvé faux , tous les
autres ne le font-ils pas également ? la dépofition fuggérée à
l'un, n'a-t-elle pas été fuggérée à tous ? Qui oferoit appuyer fon
opinion fur une bafe auffi fufpecte & auffi trompeufe ? combien
il eût été facile à Madame de Saint-Vincent de prouver alors la
fubornation pratiquée envers tous ces témoins ? ces femmes qui
n'avoient aucune liaifon avec Madame de Saint-Vincent , &
qui n'entroient jamais dans fa chambre ; ces femmes que l'intérêt , la cupidité, l'inimitié & la haine portoient à la féduction la
plus aveugle ; ces femmes dont on publioit les dépofitions à
Paris avant qu'elles ne fuffent reçues à Poitiers ; ces femmes
arrivées à grands frais pour les confrontations , reçues & vifitées
par le Secrétaire Clermont , fieres , contentes , bien payées, &
fe vantant par-tout de la protection ouverte de M. de Richelieu ;
ces femmes auroient-elles pu échapper à la conviction & au
châtiment qui leur étoient dûs ? mais la Cour a joint au fond la
plainte en fubornation , & l'inftruction en feroit inutile aujour-
d'hui ; les reproches, les confrontations, la qualité des témoins,
l'abfurdité de leurs affertions, leurs contradictions , leurs menfonges fuffifent pour démontrer qu'il ne réfulte , même de leur
témoignage fuborné, aucune preuve contre Madame de Saint-
Vincent.

E.

Faut-il donc n'offrir au public & aux Juges que le spectacle fatiguant des rétractations & des fauſſetés toujours renaiſſantes des témoins choiſis par M. de Richelieu ? Ici la fille Metayer deſtinée à appuyer les dépoſitions des femmes Martiniere & Godiniere s'excuſe à la confrontation en diſant que * « ſa dépoſition a été mal rédigée, & que c'eſt le Juge de Poitiers qui » l'a faite écrire ainſi ». Là le ſieur Nerbonneau dépoſe que *, » Madame de Saint-Vincent deſirant avoir une robe qu'il ne » vouloit lui fournir que ſur un cautionnement, lui envoya par » la demoiſelle Auvray une lettre de la Prieure du Couvent de » ſainte Catherine de Poitiers; mais qu'il fut averti par made- » moiſelle du Sablé que cette lettre étoit fauſſe, & qu'il la ren. » dit enſuite à mademoiſelle Auvray »; & à ſon récolement, ce Nerbonneau ſe retracte de lui-même, & il dit « qu'il n'a point » ouï-dire à mademoiſelle du Sablé que la lettre qui lui fut » portée par mademoiſelle Auvray étoit fabriquée par Madame » de Saint-Vincent au nom de la Supérieure de la Communauté » de Sainte Catherine, *ne ſachant point ſi cette lettre étoit fabri-* » *quée ou non* ». Quelles inconſéquences & quelles contradictions! Peut-on dire plus clairement oui & non tout à la fois ? Veut-on un exemple de fauſſeté plus frappant encore ? La fille Auvray eſt entendue, & elle dit en parlant de cette prétendue lettre de la Prieure *, « que le lendemain qu'elle l'eut remiſe à » M. Nerbonneau, elle alla chez Madame de Saint-Vincent » au ſortir de ſon dîner, que M. Nerbonneau y vint auſſi; mais » ſa viſite parut inquiéter Madame de Saint-Vincent. La dépo. » ſante étoit à lire auprès du feu, Madame de Saint-Vincent » ſe promenoit dans ſa chambre avec un air ennuyé; la dépo- » ſante lui en ayant demandé la cauſe, Madame de Saint-Vin- » cent lui dit qu'elle avoit apperçu au parloir M. Nerbonneau, » que ſa viſite l'embarraſſoit fort; la dépoſante lui dit : au lieu

* Confronta-
tion à Madame
de Saint-Vin-
cent & au Sr
de Vedel.

* Voyez ſa
dépoſition.

* Voyez ſa
dépoſition.

» de vous inquiéter , cela doit vous faire plaifir , parce qu'au
» lieu d'une réponfe par écrit que lui avoit donnée Madame la
» Supérieure , elle va lui donner une parole , vous aurez votre
» robe , il faut fe dépêcher de la faire faire : Madame de Saint-
» Vincent lui répondit ; ne vois-tu pas que je n'ai ofé demander
» à Madame la Supérieure une lettre pour me fervir de caution-
» nement , que c'eſt moi qui l'ai faite en tâchant d'imiter fon
» écriture. A ce mot, la dépofante qui avoit ouï-dire que la
» contrefaction d'écriture étoit un cas pendable , fe mit à pleurer
» & fe rendit chez elle fort inquiéte..... & elle fe rappelle que
» lorfqu'elle fortit de chez Madame de Saint-Vincent , *elle vit*
» *M. Nerbonneau qui étoit avec Madame la Supérieure de Sainte*
» *Catherine* , elle ne fçait pas ce qui fe paſſa entr'eux , mais elle
» s'imagina qu'il étoit queftion de la fauſſe lettre qu'elle avoit
» apportée audit Nerbonneau ».

Rien n'eſt plus circonftancié, comme l'on voit, que cette dépofition ; les inquiétudes de Madame de Saint-Vincent, fes difcours & fon filence même, tout y eſt détaillé.... Eh bien! tout cela eſt évidemment faux, & tout cela eſt démenti formellement par la Prieure & par Nerbonneau lui-même. La Prieure dépofe * « qu'elle ignore fi Madame de Saint Vincent s'eſt fervie de fon nom & a contrefait fon écriture vis-à-vis de quelques mar- » chands, qu'elle ne fe rappelle rien du tout qui puiſſe avoir » rapport à cela », & Nerbonneau affirme * « qu'il n'a jamais » connu ni vu Madame la Prieure de Sainte Catherine de Poi- » tiers ». Or comment la fille Auvray a-t-elle vu que Madame de Saint-Vincent étoit inquiéte de la vifite de Nerbonneau à la Prieure, puifque Nerbonneau n'a jamais vu la Prieure ? Comment a-t-elle vu que Nerbonneau étoit au parloir avec la Prieure, puifque Nerbonneau n'a jamais été au parloir avec cette Prieure ? Peut-on donc porter l'audace & l'impofture à

* Voyez fa dépofition.

* Confronta-tion à Madame de Saint-Vin-cent.

un plus haut degré que cette fille Auvray ? mais cette fille habile qui sçait *que la contrefaction d'écriture est un cas pendable*, sçait-elle ce qui est réservé aux faux témoins ? sçait-elle quel châtiment p eut tomber sur la tête du vil imposteur qui vend à l'homme puissant son témoignage & sa voix pour écraser sous le poids de ses calomnies un accusé innocent & malheureux ? sçait-elle...... abandonnons ces témoins à la honte & aux remords , il nous suffit de répéter encore qu'ils ne font pas preuve contre Madame de Saint-Vincent.

La dame Colin, épouse du sieur Naschet, marchand Epicier, déposa * « qu'ayant fourni plusieurs marchandises à Madame de
» Saint-Vincent, cette dame lui fit espérer qu'elle feroit placer
» son fils par le crédit de M. le Maréchal , qu'elle étoit d'autant
» plus fondée à croire ce que Madame de Saint-Vincent lui
» disoit, que Madame de Saint-Vincent l'envoya chercher au
» passage de M. le Maréchal de Richelieu , & lui fit parler à
» ce Seigneur , qui dit à la déposante qu'il la remercioit des
» attentions qu'elle avoit *pour sa petite cousine* , & que très-
» certainement en récompense il feroit placer son fils , en lui
» faisant donner un emploi de mille écus ; la déposante répondit
» à M. le Maréchal que son fils n'étoit pas encore en état de
» posséder une place de mille écus , ne sçachant pas encore
» assez l'arithmétique pour cela ; en conséquence elle dit à M. le
» Maréchal qu'elle alloit faire partir son fils & l'envoyer ap-
» prendre chez M. Rolland , fameux maître d'écriture, ce qu'elle
» fit effectivement , & même il lui en a coûté sept cens livres
» de pension par année , & M. le Duc lui dit qu'elle pouvoit
» compter sur sa protection pour son fils ; mais il ne lui a été
» donné aucune place »..... C'est peut-être ainsi que M. de Richelieu tient parole ; mais cette déposition ne fait aucune charge contre Madame de Saint-Vincent.

* Voyez sa déposition.

Les autres témoins de Poitiers ne dépoferent d'aucun fait
effentiel , & n'ont pas été confrontés.

On fit une information pour Mᵉ Gariffon de la Tour, Avocat
au Parlement de Paris , & qui étoit alors à Montauban ; il réfulte de fes dépofition & confrontations * que c'eft lui qui a
fait fix modeles de billets, cinq de foixante mille livres chacun
& un de cent mille écus , lefquels ont été portés non fignés par
M. de Vedel à l'hôtel de Richelieu , & dont trois ont été rapporté fignés au Couvent de la Miféricorde par le laquais Saint-
Jean ; les deux de foixante mille livres exiftent encore au Procès,
& Mᵉ Gariffon les a reconnus ; ce n'eft pas-là fans doute une
conviction contre Madame de Saint-Vincent.

Nulle conviction, il faut le répéter encore , ne réfulte donc
contre Madame de Saint-Vincent, de cette foule d'informations
faites à grands frais dans tous les lieux qu'elle a habités. Il n'eft
pas un témoin, il n'en eft pas un feul qui parle ni du prétendu
faux , ni de la prétendue fabrication des lettres & des billets. Les
témoins de Paris qui connoiffent ces billets les ont cru vrais. Les
témoins de Milhaud ne les connoiffent pas; les témoins de Poitiers
ne les connoiffent pas , les femmes elles-mêmes qui ont dit avoir
vu calquer ne les connoiffent pas. Quelle preuve de fabrication ou
de faux peut-on donc tirer de gens qui ne connoiffent pas même
la piece prétendue fabriquée ? Comment ceux qui n'ont jamais
vu , jamais connu les billets , fçavent-ils fi ces billets font faux
& ont été fabriqués par Madame de Saint-Vincent ? Les faits
étrangers qui font l'objet des dépofitions de ces témoins, n'élé-
vent pas même de préfomption contre Madame de Saint-Vincent. La fauffe lettre du médecin Antoine eft démentie ; la
fauffe lettre du marchand Nerbonneau eft rétractée par lui-
même , & l'imprudent & mal-adroit *accepté* ne prouve pas fans

*Information
de Montauban.*

* Confronta-
tion à Madame
de Saint-Vin-
cent & au fieur
de Vedel.

doute que Madame de Saint-Vincent ait eu la prudence & l'adreſſe de calquer quinzé ſignatures, douze bon pour, & vingt-trois lettres.... Enfin l'Arrêt ſolemnel rendu le 29 Mars 1776, prouve également qu'il n'y avoit pas de conviction alors ; il eſt clair qu'on n'auroit pas ordonné une nouvelle information ſi la conviction eût été acquiſe au Procès. Qu'eſt-il donc réſulté de cette nouvelle information?

Procédure faite depuis le 29 Mars.

Les dépoſitions ordonnées par l'Arrêt interlocutoire ſont celles de * Marion, femme de chambre de Madame de Saint-Vincent, à l'époque du mois de Novembre 1773 ; de Marion, intendant de M. le Maréchal ; de Guinot, Avocat en la Cour ; de Hucherard, Procureur en la Cour ; de Lafitte, Procureur au Châtelet ; de Chabans, Avocat ès Conſeils ; de Charlot, premier Commis de la Guerre ; de Laſſé, domeſtique de M. le Maréchal ; & la confrontation du laquais Saint-Jean avec l'Abbé Froment.

Il ne faut qu'entendre nommer ces témoins pour ſavoir quels ſont les faits eſſentiels qui avoient fixé les regards de la Cour, & qui devoient après quelques éclairciſſemens devenir la baſe de ſes déciſions & de ſon Arrêt.

1°. Au nombre des lettres déſavouées, il y en a qui ſuppoſent des ſollicitations & des démarches de M. de Richelieu pour procurer une grace militaire au ſieur de Vedel ; ſi ces démarches & ces ſollicitations n'ont jamais exiſté, ſi M. de Richelieu n'en a fait aucunes, s'il n'a pris aucun intérêt à l'avancement du ſieur de Vedel, s'il ne le connoît pas, ces lettres ſont évidemment fauſſes: M. de Richelieu ne peut pas avoir écrit des lettres ſur des objets qui lui euſſent été étrangers.

Mais ſi M. de Richelieu a témoigné prendre intérêt à l'avancement du fieur de Vedel ; s'il a protégé cet Officier, s'il le connoît, s'il a fait des démarches & des follicitations pour lui, alors il eft évident que les lettres font vraies. Comment en effet M. de Richelieu auroit-il fait ce que les lettres contiennent fi les lettres n'étoient pas de lui ?

Il importoit donc de conftater cet intérêt & ces démarches de M. de Richelieu néceffairement liés avec la vérité ou la fauffeté des lettres, & c'eft pour cet objet que la Cour ordonna la dépofition du fieur Charlot, premier Commis du Bureau de la Guerre.

Le fieur Charlot dépofe * « qu'avant qu'il fût queftion » de cette affaire qui a fait affez de bruit dans le Public, » M. le Maréchal de Richelieu a paru s'intéreffer à M. de » Vedel, Major du Régiment du Perche, Infanterie, qui » étoit regardé comme *un bon Officier, s'étant donné la* » *peine de paffer lui-même au Bureau du Dépofant dans le mois* » *de Février 1774, pour le recommander à l'occafion de la de-* » *mande faite pour cet Officier d'une commiffion de Colonel avec* » *des appointemens ;* demande dont il a été rendu compte à » M. le Duc d'Aiguillon, qui n'y a eu d'autre égard qu'en ren- » voyant la décifion à un travail général ». D'après cette affer- tion du fieur Charlot, peut-il refter quelque doute fur la vérité des lettres défavouées par M. de Richelieu ? Encore une fois, ces lettres ne font-elles pas de M. de Richelieu, puifque c'eft M. de Richelieu qui a pris l'intérêt qu'elles promettent & qu'elles annoncent ?

* Voyez fa dépofition.

Ces lettres avoient été montrées au fieur Charlot & laiffées plufieurs jours entre fes mains, afin qu'il pût les faire voir à M. le Duc d'Aiguillon, alors Miniftre de la guerre, & lui rap- peller l'intérêt que M. de Richelieu prenoit au fieur de Vedel. Cette circonftance effentielle a été conftatée encore par le fieur Charlot, qui ne fe rappelle pas d'abord * « qu'on lui ait préfenté

*D.

» à cette occafion des lettres ou fragmens de lettres préten-
» dues écrites par M. le Maréchal de Richelieu ; qu'il n'a pas
» là-deffus des idées affez nettes, attendu le long tems qui s'eft
» écoulé depuis pour pouvoir l'affurer pofitivement » ; mais qui
à fon récolement affirme * « que parmi les papiers de fon Bureau
» il s'eft trouvé un fragment de lettre fans fignature , concer-
» nant le fieur Vedel , qu'il s'eft rappellé lui avoir été remis
» entre le mois de Février & le mois d'Avril 1774 , par le fieur
» Vedel ou de fa part , comme un témoignage de l'intérêt que
» M. le Maréchal de Richelieu prenoit à cet Officier » , & qui
déclare à fa confrontation avoir montré ce fragment à M. le
Duc d'Aiguillon.

* Voyez fon récolement.

Tous ces faits ne démontrent-ils pas invinciblement la vérité de ces lettres & fragmens ? Eft-il poffible qu'ils ne foient pas de M. de Richelieu ? Eft-il poffible que Madame de Saint-Vincent les ait fabriqués ? Quoi ! Madame de Saint-Vincent & fes complices auroient forgé de fauffes lettres fous le nom de M. de Richelieu ! ils auroient coupé ces lettres fauffes pour n'en conferver que des fragmens ! ils auroient porté ces lettres fauffes aux Bureaux de la Guerre ! ils auroient abandonné ces lettres fauffes entre les mains des Commis ! ils auroient prié qu'on remît ces lettres fauffes fous les yeux d'un Miniftre , parent de M. de Richelieu lui-même , dont il connoît l'écriture , & dans un tems où M. de Richelieu étoit tous les jours à Ver-failles , & dans un tems où M. de Richelieu voyoit tous les jours ce Miniftre !.... Non de pareilles fuppofitions ne peuvent être admifes. Quel homme affez prévenu renoncera au fens commun pour croire aux défaveux de M. de Richelieu ! la vérité de ces lettres étoit démontrée par les lettres mêmes. Mais quelle force n'acquiert-elle pas encore par cette dépofition du fieur Charlot ?

Qu'oppofe M. le Maréchal de Richelieu à cette preuve
évidente

de la vérité des lettres qu'il a défavouées ? Que répond il à ce dementi formel que lui donne le fieur Charlot ? Rien. Mais au moins avouera t-il que ce n'eft pas-là une conviction contre Madame de Saint-Vincent.

2°. D'autres faits, plus effentiels & plus décififs encore, avoient également frappé tous les Magiftrats, & leur annonçoient hautement la vérité des billets. Le fieur Rubit s'étoit préfenté plufieurs fo's à l'Hôtel de Richelieu, pour parler de ces billets à M. le Maréchal lui-même, & il n'avoit jamais pû pénétrer jufqu'à lui ; il avoit trompé la vigilance du Suiffe, il étoit parvenu à l'antichambre. Il s'étoit fait annoncer, M. de Richelieu avoit dit qu'on le fit attendre. Il avoit attendu, & M. de Richelieu s'étoit échappé par fon efcalier dérobé.

Me Guinot, Avocat en la Cour, & confeil du fieur Rubit, s'étoit préfenté auffi à l'Hôtel de Richelieu, & s'il n'avoit pas été plus heureux que fon Client pour voir M. de Richelieu lui-même, au moins avoit-il vu le fieur Marion, fon Intendant, qui lui avoit certifié la vérité & la bonté des billets..... Toutes ces circonftances étoient connues & prefque avouées par M. de Richelieu lui-même ; mais les depofitions du Laquais Laffé, de l'Intendant Marion & du fieur Guinot, pouvoient répandre de nouvelles lumieres fur cet objet, & l'Arrêt ordonna qu'ils feroient entendus.

Le Laquais Laffé, fidele imitateur de l'exemple de fes camarades, a dénaturé les faits, altéré les dates, débité des fauffetés, & tronqué fa dépofition entiere ; mais il en réfulte affez pour conftater les vifites fréquentes du fieur Rubit à l'Hôtel de Richelieu, & convaincre tout efprit non prévenu. En vain ce Laquais dit-il, que Rubit ne s'eft préfenté à l'Hôtel que vers le commencement de Juin, & qu'au lieu de venir le matin & de très-bonne heure, il n'étoit venu qu'à midi ou à deux heures.

F

Il ne peut néanmoins diffimuler le defir extrême que Rubit
avoit de parler à M. le Maréchal, & il avoue * « qu'au mois de
» Juin 1774 il avoit un ami chez Rubit, nommé l'Orphelin,
» qui vint le voir dix ou douze jours avant fon départ pour
» Bordeaux, & lui dit que fon Bourgeois avoit des billets
» de M. le Maréchal, & que ledit l'Orphelin pria le Dépofant
» de faire parler fon Bourgeois à M. le Maréchal ». N'eft-ce
pas affez conftater & le defir & les efforts du fieur Rubit ?

L'orphelin a dépofé plus au long encore, & il dit *: « que,
» quelques temps avant la mort du feu Roi, le fieur Rubit ayant
» parlé au dépofant d'un billet de 25000 livres, qu'il difoit
» avoir de M. le Maréchal de Richelieu, ledit Rubit lui dit
» qu'il s'étoit préfenté deux fois à la porte de M. le Maréchal,
» pour lui parler de ce billet, mais que le Suiffe de l'Hôtel ayant
» dit audit Rubit qu'il ne pouvoit parler à M. le Maréchal, le
» dépofant dit à Rubit qu'il falloit tâcher de parler à quelqu'un
» de fes Valets-de-Chambre ou domeftique ; qu'alors ledit
» Rubit propofa au dépofant de tâcher de lui faire parler à
» quelqu'un des gens de la maifon, attendu que le dépofant
» étoit lié avec un nommé Laffé, l'un des Domeftiques de M.
» le Maréchal; que le dépofant s'eft chargé de parler audit
» Laffé, lequel eft venu deux fois chez ledit Rubit pour lui
» parler, & le dépofant a dit audit Rubit d'aller chez M. le Maré-
» chal, & de demander Laffé ; en conféquence ledit Rubit
» y fut, demanda Laffé, qui le plaça dans l'antichambre des
» Valets-de-Chambre, où il pouvoit voir M. le Maréchal, &
» lui parler quand il fortiroit ; que ledit Rubit ayant attendu
» quelque temps, on vint lui dire, à ce qu'il a rendu au dépo-
» fant, que M. le Maréchal avoit defcendu par un autre efca-
» lier, &c. ».

Qu'importe donc la fauffe époque du mois de Juin, citée

* Voyez fa
dépofition.

* Voyez fa
dépofition.

par le laquais Laffé, & démentie par les dates des deux négociations ? Qu'importent les differtations de l'Intendant Marion pour prouver que l'efcalier de M. le Maréchal eft un *petit efcalier*, & non pas un *efcalier dérobé* ? Qu'importent toutes les circonftances étrangères au fait effentiel des démarches du fieur Rubit ? Il refte inconteftablement prouvé que le fieur de Vedel, ayant permis à Rubit de préfenter le billet à M. de Richelieu lui-même, Rubit a fait tous fes efforts pour parvenir jufqu'à M. de Richelieu. Or, nous le répétons encore, n'eft-il pas abfolument impoffible que des fauffaires, ou leurs complices, permettent jamais que l'on préfente de faux billets à celui dont ils portent la fauffe fignature ? Eft-ce donc là la marche du crime & de la fauffeté ? Tant de fécurité & de confiance, n'annoncent-elles pas au contraire, la conviction intime de la vérité des billets ?

* Voyez fa dépofition.

Comment donc M. de Richelieu ofe-t-il parler * de *précipitation, de clandeftinité & de myftere*, & tente-t-il d'ériger encore en preuve cette impofture hardie ? Quelle clandeftinité fufpecte peut-il donc y avoir de la part des accufés ? Les accufés ont montré leurs lettres dans les Bureaux de la Guerre. Les accufés ont voulu préfenter ces lettres à M. le Duc d'Aiguillon. Les accufés ont porté leurs billets chez le Notaire de M. de Richelieu. Les accufés ont voulu préfenter ces billets à M. de Richelieu lui-même. Quel myftere & quelle clandeftinité peut-on donc leur reprocher ? N'eft-ce pas M. de Richelieu qui s'eft enveloppé dans cette clandeftinité & dans ce myftere qu'il leur impute ? N'eft ce pas lui qui s'eft rendu inacceffible à Rubit ? N'eft-ce pas lui qui a craint une explication ? N'eft-ce pas lui qui s'eft enfui par un petit efcalier ? . . . . Eh ! penfe-t-on que M. de Richelieu ne fut pas inftruit alors de la négociation d'un des billets donnés à Madame de Saint-Vincent ? C'eft au mois de

* Page 8. de fon nouveau Mémoire.

F ij

Novembre 1773 que cette premiere négociation avoit été faite avec le fieur Boucher de Préville. C'eft au mois de Novembre que Me Dumoulin avoit vu & reconnu ce billet. Qui croira que, du mois de Novembre au mois de Mai, ce Notaire n'eût pas dit à M. de Richelieu qu'il lui avoit été préfenté un effet de vingt mille écus, dont il avoit reconnu la fignature? Quel Notaire garderoit le filence pendant fix mois fur un objet de cette importance? . . . . Mais, quels nouveaux faits viennent s'offrir à nos regards ! Ce n'eft plus M. de Richelieu qui craint de s'expliquer fur les billets, & qui s'enfuit ; c'eft fon Intendant qui les voit, qui les examine, & qui s'écrie qu'ils font vrais. Ecoutons le fieur Guinot, homme honnête, Avocat éclairé, & fait pour infpirer la confiance.

Il dépofe : « que le mardi 14 Juin, il fe préfenta chez
» M. de Richelieu, & qu'on lui dit qu'il n'y étoit pas,
» ou qu'il étoit parti ; mais que le mercredi 15, le dépo-
» fant apprit que ce Seigneur fe faifoit ordinairement céler
» quand il avoit pris congé du Roi ; & que le Jeudi 16,
» il fe préfenta encore à la porte de M. le Maréchal,
» qu'on lui dit qu'il étoit parti ; il demanda à parler à la per-
» fonne qui fe mêloit des affaires de M. le Maréchal, on lui
» enfeigna l'appartement du fieur Marion, auquel il dit, après
» les civilités ordinaires, on m'a dit à la porte que M. le Ma-
» réchal eft parti ; je fais qu'il fe fait ordinairement celer après
» avoir pris congé du Roi, voudriez-vous bien m'enfeigner le
» moyen de lui parler ; je vous affure que lorfque je lui aurai
» annoncé le motif qui m'amene près de lui, il n'en fera pas
» fàché. A quoi répondit le fieur Marion, qu'il étoit bien réel-
» lement parti. Le dépofant lui répliqua, je fuis chargé d'offrir
» à M. le Maréchal de faire des contrats de rentes viageres,
» ou perpétuelles, ou obligations, aux mêmes échéances &
» aux mêmes époques que ces billets, (en les lui préfentant)

» & les actes feront paffés, s'il veut, chez fon Notaire. A l'inf-
» tant Marion prit les billets des mains du dépofant, les lut, &
» dit, *c'eft bien fa fignature, puifqu'il les a faits il les payera ;*
» le Suppliant lui répondit, je ne vous le demande pas, parce
» que j'en fuis inftruit. Moi, répliqua Marion, je ne fçais rien
» de ces billets là ; le dépofant lui répondit, eft-ce que M. le
» Maréchal fait quelque chofe fans vous le dire ? Le fieur Ma-
» rion lui répondit que fouvent ces Seigneurs là ne venoient
» les trouver que quand ils avoient fait des fottifes, pour les
» réparer, & SUR-TOUT CELUI-LA. Le fieur Marion lui deman-
» da fur le champ s'il vouloit lui laiffer fon nom & fon adreffe,
» parce qu'il avoit quelques renfeignemens à prendre de ces
» billets-là, d'une autre perfonne à qui M. le Maréchal avoit
» confiance . . . Le depofant lui laiffa fon nom & fon adreffe
» après être convenu du jour où le fieur Marion pourroit le
» trouver ».

» Le 23 du même mois le fieur Marion vint chez le dépo-
» fant, & lui dit que les renfeignemens qu'il avoit pris fur les
» billets de M. le Maréchal ne l'éclairciffoient pas beaucoup,
» & il lui demanda s'il avoit encore là les billets, à quoi le
» dépofant lui dit, ils font fous votre coude ; il les prit, copia
» le premier billet, & prit les époques & échéances des deux
» autres, & après avoir remis dans fa poche le papier fur lequel
» il avoit copié, il tenoit les billets en fes mains & dit : *c'eft*
» *bien là fa fignature ; puifqu'il les a faits, il les payera ;* le dé-
» pofant lui demanda pourquoi il avoit pris copie de ces billets,
» c'eft que M. le Maréchal ne *fe fouvient pas le lendemain de ce*
» *qu'il a fait la veille.* Le dépofant lui obferva que c'étoit appa-
» remment à caufe de fon grand âge, à quoi le fieur Marion
» répondit, non, C'EST QUE C'EST UN ÉTOURDI : que pour lui,
» Marion, il n'avoit pas de fonds à lui connus pour payer ces

» mêmes billets ; mais que puifqu'il les avoit faits il fçauroit où en
» prendre pour les payer, qu'il verroit à s'en informer encore,
» & qu'il en donneroit des nouvelles au dépofant.... Le fieur
» Marion fe retira, toujours en promettant au dépofant de lui
» écrire lorfqu'il auroit de plus amples éclairciffemens fur ces
» billets ».

Les réflexions naiffent en foule fur chaque partie de cette
dépofition ; les démarches du fieur Guinot, fes propofitions
d'arrangement, les réponfes du fieur Marion, fa reconnoiffance
des billets, tout exclut néceffairement jufqu'au foupçon de faux,
tout établit & conftate la vérité de ces billets ; mais écoutons
encore le fieur Guinot.

« Le 6 Juillet même année, le fieur Marion écrivit au dé-
» pofant le billet fuivant. *J'ai l'honneur de fouhaiter le bon jour*
» *à M. Guinot, & le prie de fufpendre la négociation des billets*
» *en queftion, que les nouvelles que j'ai reçues à cet égard de-*
» *mandent plus amples informations, dont je lui ferai part quand*
» *elles feront faites. Signé Marion, 6 Juillet* ».

Quelles nouvelles informations étoient donc néceffaires au
fieur Marion après une réponfe de M. de Richelieu ? Qui pouvoit fçavoir mieux que lui fi les billets étoient vrais ou faux ?
Quoi ! Le fieur Marion avoit écrit à M. de Richelieu qu'il cou-
roit des billets fous fon nom, il lui avoit demandé ce qu'il falloit
en croire ; s'ils étoient ou s'ils n'étoient pas fignés par lui, &
M. de Richelieu lui avoit répondu de faire de plus amples informations ! Quoi ! à la premiere nouvelle de ces billets M. de
Richelieu n'avoit pas jetté des cris d'indignation, il n'avoit pas
défavoué ces billets, & il avoit répondu froidement : *faites des*
informations ! Quel homme honnête ne voit dans cette conduite
l'incertitude & l'embarras d'un coupable qui a fait des billets
qu'il voudroit bien défavouer, mais dont il veut auparavant

fouftraire les titres & les preuves. Quelles devoient être ces plus amples informations ? Des perquifitions , des lettres de cachet, des enlevemens de papiers.... voyons comment le fieur Marion s'y eft pris, & écoutons encore le fieur Guinot.

« Le 15 Juillet de la même année , le dépofant écrivit un » billet au fieur Marion, par lequel il lui fefoit part du long » tems où il étoit de lui donner de fes nouvelles. Le 18 , le » fieur Marion vint chez lui dépofant , qu'il ne trouva pas; il » s'informa où il pouvoit être, parce qu'il falloit qu'il lui parlât » abfolument dans le jour ; on lui dit qu'il étoit ou qu'il devoit » être à Vaugirard..... Le dépofant rencontra Marion fur la » route, dans un carroffe de place, dont il lui voyoit paffer la » tête par la portiere, ce qui fit que le dépofant l'appella ; auffi- » tôt le fieur Marion ouvrit la portiere, & fe mit fur le devant, » pour inviter le dépofant à y monter, ce que fit le dépofant, » & il apperçut Henry, Infpecteur de Police , & un autre » homme, fon Commis. L'Infpecteur de Police demanda auffi- » tôt & fort incivilement au dépofant, s'il avoit encore les bil- » lets de M. de Richelieu, à quoi il répondit que non ; mais » vous, M. Marion, pourquoi ne m'avez-vous pas répondu au » billet que je vous écrivis dernierement? lequel répondit : Mon- » fieur, c'eft que je voulois avoir l'honneur de vous parler..... » Eh bien ! parlez-moi donc ? me voilà , répliqua le dépofant. » Auffitôt reprit fort vivement & toujours incivilement l'Inf- » pecteur de Police, il faut que vous difiez fi vous avez encore » les billets de M. le Maréchal. Cette conduite-là parut fi éton- » nante au dépofant, qu'il regarda le fieur Marion , qui dans ce » moment là (le dépofant ofe le dire) avoit l'air du crime. Le » dépofant répondit qu'il n'avoit pas en ce moment les billets » de M. de Richelieu , qu'il les avoit remis à fon Client; mais » que fi lui Infpecteur de Police qui n'avoit aucun droit pour

» lui faire subir un interrogatoire sur le grand chemin, avoit dit
» à M. de Sartine que lui déposant étoit pour quelque chose
» dans cette affaire ; ce Magistrat, de qui il avoit l'honneur
» d'être connu, lui auroit donné une lettre pour porter au dé-
» posant, qui lui auroit remis la réponse, & cet Officier auroit
» été Valet de Chambre commun..... Allons chez votre Client,
» dit l'Inspecteur ; vous n'êtes revêtu d'aucun ordre, répondit
» le déposant, pour avoir le ton absolu. A quoi l'Inspecteur
» répondit, c'est de la part de M. de Sartine, *qui m'a dit de*
» *venir vous arrêter.* Je parie, lui répondit le déposant, que cela
» n'est pas vrai. Mais à quoi aboutit tout ceci ? à me demander
» des billets que je n'ai point, à me demander quel est mon
» Client ?..... D'ailleurs tout grand Seigneur que soit M. le Ma-
» réchal, il ne peut pas empêcher que des billets qu'il a fait au
» porteur ne soient négociés, si l'intérêt de celui qui a confiance
» en moi l'exige ; Marion reprit aussi-tôt, c'est que les billets
» sont faux ; à quoi répondit le déposant ; comment me pouvez-
» vous dire ça, vous Marion, en le montrant au doigt, qui
» m'avez dit chez vous & chez moi à différentes reprises, &
» sans que je vous le demandasse, que c'étoit bien la signature
» de M. de Richelieu ; à quoi répondit le sieur Marion, je pen-
» sois comme ça dans ce tems-là, & actuellement je pense au-
» trement ».

Voilà les informations commencées comme l'on voit, & le
sieur Marion s'est enfin expliqué. Me Guinot continue..... *« Le*
» *déposant requit que l'Inspecteur & Marion vinssent avec lui*
» *chez son Client, & delà chez M. de Sartine, pour raison.....*
» *L'Inspecteur éluda de son mieux d'aller chez M. de Sartine ;*
» *mais il fallut y venir. Nous partîmes, & en arrivant l'Inspec-*
» *teur fit avertir que nous étions là, M. de Sartine parut, & le*
» *déposant lui dit..... nous voici, M. avec les billets de M. de*
» *Richelieu,*

» Richelieu, que fon Intendant prétend être faux ; fi vous les
» croyez tels, je requiers de la fageffe de votre Miniftere pour
» un Citoyen que je vous préfente qui eft Marchand , & qui a
» cent mille écus de bien, que Madame de Saint-Vincent foit
» arrêtée, à quoi M. de Sartine répondit: *foyez tranquille , les
» billets ne font point faux.* Marion pâlit, & dit d'une voix
» émue : *comment fçavez-vous ça Monfieur* , à quoi ce Magif-
» trat répondit : *cela vient de ce que dans les affaires j'en fçais
» fouvent plus qu'un autre.* Le dépofant témoigna fa furprife
» de ce qu'il avoit pû permettre qu'un Infpecteur de Police vînt
» le déranger de fa campagne. A quoi le Magiftrat répondit en
» mettant la main fur fa poitrine ; je vous protefte que voilà la
» premiere nouvelle que je fçais que vous êtes pour quelque
» chofe dans cette affaire. L'Infpecteur prit la parole & dit , je
» ferois d'avis que ces Meffieurs vinffent chez le Commiffaire
» Chenon faire leur foumiffion & déclaration, à quoi ce Ma-
» giftrat répondit avec grande vivacité, *il faut aller très - dou-
» cement dans cette affaire :* après quoi le dépofant & le fieur
» Rubit fe retirerent ».

Nous nous abftenons de toute réflexion fur cette réponfe de
M. de Sartine. C'eft aux Magiftrats qui en ont déja eu connoiffance par la lecture du Procès à en pefer toute la force ; mais
ajoutons encore les détails de la vérification faite chez le fieur
Marion. Me Guinot continue.

» Le 22 du même mois de Juillet, le dépofant avec M^e
» Guepreaux Notaire , furent demander Henry pour venir
» avec eux à l'Hôtel Richelieu chez l'Intendant , à l'effet
» de vérifier des fignatures. L'Infpecteur y alla & Me Gue-
» preaux fut chez lui chercher une lettre pour comparaifon,
» qu'il dit que M. le Maréchal avoit écrite à Madame de
» Saint-Vincent, par laquelle il lui envoyoit des billets, &

G

» que l'Abbé Froment avoit vu auſſi-tôt après l'ouverture....
» Le ſieur Marion ſe mit à ſon bureau, & friſſonnant un peu,
» nous montra d'abord trois quittances blanc ſeing, pour tou-
» cher les penſions de M. le Maréchal, à ce qu'il nous dit ——
» & voyez, Meſſieurs, que ces ſix ſignatures, parce qu'elles
» étoient ſignées des deux côtés, ſont d'une écriture bien moins
» maigre que les vôtres ; mais elles ſe trouvoient bien con-
» formes —— quant à la maigreur, quoiqu'en ait voulu dire Ma-
» rion ; tenez je vais vous en donner d'autres, & toutes celles
» qu'il montra, tant au dépoſant qu'à Me Guepreaux qui ar-
» riva & à l'Inſpecteur, nous parurent réellement bien con-
» formes. Le ſieur Marion ayant jetté les yeux ſur les billets
» dont étoit porteur le dépoſant, il en apperçut une qui, au-
» deſſous de la ſignature, avoit une raie comme d'autres font
» des paraphes. Tenez, Monſieur, dit Marion, jamais M. le
» Maréchal ne ſouligne ſa ſignature. Et préciſément la pre-
» miere qu'il montra, tant au dépoſant qu'aux deux autres,
» étoit ſoulignée ſemblablement & ſans aucune différence à
» celle que Marion avoit prétendu n'être pas du Maréchal.

» Me Guepreaux demanda à voir une écriture de M. le
» Maréchal plus courante que les ſignatures, pour confronter
» avec la lettre qu'il apportoit & que Marion examina, en
» lui diſant encore, comme il l'avoit dit à la ſignature des
» billets, vous allez voir qu'il n'écrit pas ſi maigre ; & la pre-
» miere lettre que l'Intendant montra pour piéce de compa-
» raiſon étoit d'une écriture ſi ſemblable, que Marion fut obligé
» de dire lui-même ; *ma foi, ſi ç'a eſt imité, cela eſt bien......*
» A force de vérifier des ſignatures & des écritures de M. le
» Maréchal, la lettre qu'avoit apportée Me Guepreaux ſe
» trouva ſous différens papiers & autres lettres du même for-
» mat, & pour pouvoir la diſtinguer d'avec les autres, tant

» les écritures avoient la même nuance, il falloit lire les pre-
» mieres lignes, & trouver celle où il y avoit *ma coufine*.

Il feroit trop long de difcuter tous ces articles de la dépofition,
de Me Guinot; nous nous bornons à une feule réflexion. Tous les
Gens d'affaires de M. le Maréchal avoient reconnu la vérité des
billets; Mr Dumoulin les avoit vus, & il les avoit cru vrais; le
fieur Sube les avoit vus, & il les avoit cru vrais; Doumaing
les avoit vus & il les avoit cru vrais; le fieur Marion les
avoit vus, & il les avoit cru vrais. Et aujourd'hui les Experts
ofent affirmer qu'à la feule infpection on voit que ces billets
font faux! & aujourd'hui M. de Richelieu ofe foutenir *, que
la fauffeté de ces billets éclate à la premiere vue! Mais fi
cette fauffeté eft évidente & fi elle éclate à la premiere vue,
comment s'eft-il fait que ni le Notaire, ni le Tréforier, ni le
Secrétaire, ni l'Intendant de M. de Richelieu ne fe foient pas
apperçu de ce qu'il leur étoit fi facile d'appercevoir, & qu'aucun d'eux n'ait rien vu de ce qui fe voit à la feule infpection
& à la premiere vue?.... Que le public & les Juges dai-
gnent comparer le temps & les lieux, & qu'ils voyent fi le fuf-
frage libre de tous ceux qui connoiffent l'écriture de M. de
Richelieu, donné dans un moment où la prévention & l'intrigue n'avoient point encore égaré leurs décifions, ne doit pas
l'emporter fur les fuffrages mendiés & fufpects, que la paffion
& la cupidité ont fait naître depuis?

Il feroit trop long auffi de difcuter en détail l'inutile & faf-
tidieufe dépofition du fieur Marion. D'un côté, il avoue,* » que
» la place qu'il remplit auprès de M. le Maréchal, la confiance
» dont ce Seigneur l'honore, & les preuves qu'il a données
» du zèle avec lequel il tâche d'y répondre autorife les Ac-
» cufés à prétexter des fufpicions contre LA VÉRACITÉ de fon
» témoignage «; de l'autre, il annonce qu'il ne lui eft guères

* Page 5, de
fon nouveau
Mémoire.

* Voyez fa
dépofition.

poſſible de dire la vérité, » parce que l'Intendant d'un grand » Seigneur eſt un confident néceſſaire & conſéquemment » aſtreint à la loi d'un ſecret à toute épreuve, dont l'obſer-» vation inviolable peut ſeule faire la ſécurité des perſonnes » du haut rang, qui ſont preſque forcées, par état, d'aban-» donner à des tiers la pleine adminiſtration de leurs affaires«; enfin, il finit par dire que ſa délicateſſe & celle de M. de Richelieu ne lui permettent pas d'avoir des ſcrupules, & il com-poſe un Mémoire au lieu de faire une dépoſition.

Suivrons-nous LA VÉRACITÉ de cet Intendant dans tous ſes écarts ? qu'importe, ſes ſophiſmes tant de fois réfutés & tant de fois détruits ! ils ne peuvent faire la moindre illuſion.

Qui croira, par exemple, qu'il ait trouvé *un peu maigres* les ſignatures qui lui furent préſentées par le ſieur Guinot ? Qui croira que la lettre du 16 Juillet remiſe à Madame de Saint-Vincent de la part de M. de Richelieu, ſoit une preuve de la fauſſeté des billets ? Qui oſera ſoutenir avec lui que les lettres dépoſées au procès ſont fauſſes, attendu dit-il * »qu'elles » ſont compoſées de phraſes découſues miſes à côté les unes des » autres pour couvrir du papier, comme ces papiers d'écritures » d'enfant qui en rempliſſent les pages de mots vuides de ſens, » ſans autre objet que celui d'imiter l'écriture de leurs Maîtres .»

* Voyez ſa dépoſition.

N'eſt-ce pas là au contraire une preuve que ces lettres ſont vraies ? Eſt-il poſſible qu'un fauſſaire s'occupe du ſoin de fabriquer des lettres, pour ne les remplir que *de phraſes découſues & vuides de ſens* ? Eſt-il poſſible qu'un fauſſaire, dont le but eſt de ſe forger des titres, ne faſſe que *couvrir du papier comme des écritures d'enfans* ? Eſt-il poſſible qu'un fauſſaire, que la cupidité conduit & dirige, ne ſonge qu'à remplir des pages de mots inutiles & étrangers ? ... l'homme puiſſant qui ſe joue de la crédulité d'une femme ſéduite, l'avare faftueux qui veut paroître bienfaifant & prodigue, peuvent n'accorder que *des papiers d'enfans*, & ne remplir leurs lettres que *de promeffes découfues & vuides de fens*; mais un fauffaire..... il fe tromperoit lui-même, & de quelle utilité pourroient lui être ces titres illufoires & vains?

On l'a dit il y a long-temps ; il ne faut pour démontrer la vérité des vingt-trois lettres défavouées par M. de Richelieu, que les lettres elles-mêmes & la maniere dont elles font conçues. Que l'on fuppofe à Madame de Saint-Vincent la volonté & les talens de calquer; pourquoi dans cette hypothèfe même, auroit-elle calqué des lettres? Des lettres étoient elles néceffaires pour appuyer la vérité des billets ? Quelles fuffent néceffaires fi l'on veut, il en falloit vingt-trois? Une, deux, trois, quatre, n'auroient-elles pas fuffi? que l'on exige encore ce nombre de vingt-trois, il eft inconteftable du moins qu'elles euffent été relatives aux billets. Ces lettres parleroient donc des billets, les annonceroient, les promettroient, en fuppofe-roient l'exiftence, la vérité, & ce feroit là leur unique objet. Or, de ces vingt-trois lettres, il n'en eft que neuf qui aient quelque rapport avec l'affaire des billets. Comment donc pourroit-il fe faire, que fabriquant vingt-trois lettres à l'appui des billets, Madame de Saint-Vincent n'eût parlé des billets que dans neuf lettres ? Comment pourroit-il fe faire qu'elle eût oublié dans la compofition de fes lettres, le feul intérêt qui les lui faifoit compofer, & que la feule chofe qu'elle eût eu deffein d'y inférer, fut la feule chofe qu'elle n'y inféra pas ? Comment pourroit-il fe faire, que la main qui n'auroit calqué que pour fe faire des titres, ne fe fût pas fait des titres ? non, il n'eft pas poffible que Madame de Saint-Vincent eût forgé des lettres, fi ce n'eût été pour juftifier les billets; il n'eft pas poffible que voulant juftifier fes billets par des lettres, elle n'eût fait aucune mention de ces billets dans ces lettres ; il n'eſt donc pas poſſible que Madame de Saint-Vincent ait fait les vingt-trois lettres arguées de faux. Cet argument eſt ſans replique, & fait pour convaincre tout homme honnête & éclairé.

Il eſt permis peut - être de faire de mauvais raiſonnemens ; mais LA VÉRACITÉ de M. l'Intendant Marion devoit-elle auſſi ſe trouver en défaut ſur des faits ?... *La confiance* dont M. le Maréchal de Richelieu *l'honore*, ne ſe trouvera-t-elle pas un peu compromiſe par les menſonges groſſiers qu'il a avancés ſous la foi du ſerment ? » Madame de Saint-Vincent, dit-il, * * Voyez ſa dépoſition.
» étoit à la Baſtille ; le Vicomte de Caſtellane & l'Abbé de
» Villeneuve firent les démarches les plus vives pour la faire
» remettre en liberté, & le Miniſtre la renvoya dans ſon Couvent. Cette eſpéce de ſuccès enhardit les partiſans de cette
» dame, on répétoit qu'elle étoit faite pour ſe meſurer dans les
» Tribunaux avec M. le Maréchal. Me Lafitte, ſon Défenſeur,
» menaçoit hautement de porter des plaintes de toute couleur,
» de toute eſpece, devant le Tribunal qui tenoit alors la place
» du Parlement, contre M. le Maréchal, Pair de France.
» Alors les parens, amis & conſeils de M. le Maréchal, juge-
» rent qu'il étoit indiſpenſable d'uſer de la procuration qu'il
» avoit envoyée au Dépoſant pour lui conſerver le rôle d'ac-
» cuſateur qui lui appartenoit, & le ſeul qui lui convint, &
» l'on décida que le Dépoſant rendroit ſa plainte. »

Tout cela eſt abſolument faux. C'eſt le 27 Juillet que le ſieur Marion a rendu plainte, & Madame de Saint-Vincent n'eſt ſortie de la Baſtille que le 30 ; ce ne pouvoit donc être ni cette *eſpece de ſuccès*, ni les menaces du Procureur *Lafitte*, ni la crainte du Parlement d'alors, dont certes M. de Richelieu ſe gardoit bien d'avoir peur, qui pouvoit déterminer *les amis & les parens de M. de Richelieu* à porter plainte, puiſque leur

55

plainte étoit déja rendue depuis plufieurs jours.... Nous ne fini-
rions pas fi nous voulions combattre toutes les fauffetés & tous
les fophifmes du fieur Marion ; il convient lui-même * que fa
dépofition ne fait rien au procès. Concluons donc encore qu'il
n'en réfulte aucune conviction contre Madame de Saint-
Vincent.

3°. Un autre fait plus effentiel, & qui feul fuffit pour éta-
blir la vérité des billets, eft celui du paquet porté non figné à
l'hôtel de Richelieu, par M. de Vedel, & rapporté figné au
Couvent de la Miféricorde, par le laquais Saint-Jean ; c'eft
pour donner à ce fait décifif, toute la force qu'il pouvoit ac-
quérir encore, que l'Arrêt a ordonné la dépofition de la femme-
de-chambre & la confrontation de l'Abbé Froment au laquais
Saint-Jean.

Confronté avec ce laquais, l'Abbé Froment n'a pu affirmer
avec toute certitude que ce fût là l'homme qu'il avoit vu apporter des lettres & des billets au Couvent de la Miféricorde,
& il n'a pas confervé une idée affez nette de cet homme pour
pouvoir fe rappeller parfaitement fa figure & fes traits, mais il
a déclaré qu'il ne trouvoit rien en lui qui fût contraire à l'idée
qui pouvoit lui en refter, & *qu'il croyoit même le reconnoître à
à fon penchement de tête.*

La femme-de-chambre a dépofé * » qu'un jour de Dimanche
» ou de Fête après la Meffe, Madame s'arrêta dans la chambre
» de l'Abbé Froment, pour donner à elle Dépofante, le temps
» d'arranger fa chambre, parce qu'elle n'avoit point de domef-
» tique ; Saint-Jean arrive dans ce moment chargé du paquet ;
» qu'elle Dépofante, fut au-devant de Saint-Jean ; que fa maî-
» treffe qui l'avoit vu auffi paffer devant la porte de M. l'Abbé
» Froment, vint, & prit le paquet que Saint-Jean lui appor-
» toit ; que fa maîtreffe l'ouvrit devant Saint-Jean & devant

» elle, Dépofante; quand fa maîtreffe vit les billets qui étoient
» fignés, Madame dit à Saint-Jean, oh! la bonne nouvelle que
» tu m'apportes, je vais être riche actuellement; que fa maî-
» treffe donna trois livres à Saint-Jean, & fe rendit bien vîte
» dans la chambre de l'Abbé Froment, lui faire voir les billets
» qu'elle venoit de recevoir. »

Que l'on fe rappelle la dépofition de l'Abbé Froment. « Ma-
» dame de Saint-Vincent, dit-il, étoit entrée un Dimanche
» dans la chambre de lui dépofant, que pendant qu'elle y
» étoit, un laquais habillé de rouge, paffa devant la porte du
» dépofant, qui le vit très-bien, & qu'il crut être le même
» que celui venu plufieurs fois porter d'autres lettres, que
» Madame de Saint-Vincent dit au dépofant : *voilà le laquais*
» *de M. le Maréchal*, qu'elle paffa dans fon appartement avec
» le laquais & revint un inftant après dans la chambre du dé-
» pofant, auquel elle montra *un paquet aux armes de M. le*
» *Maréchal*, qui contenoit fous-enveloppe··· trois billets &
» une lettre d'envoi, &c. » Que l'on rapproche ou que l'on
fépare ces deux dépofitions, qu'on les prenne enfemble ou fé-
parément, il n'en réfultera pas moins, que le porteur de ces
billets étoit véritablement le laquais Saint-Jean. La Femme de
chambre connoît ce laquais, la femme de chambre l'a vu entrer chez Madame de Saint-Vincent, la femme de chambre
lui a parlé, la femme de chambre a été témoin qu'il remettoit
le paquet, ce témoignage n'eft il pas du plus grand poids ?
C'eft la Cour elle-même qui a fait entendre ce témoin, feroit-
ce pour n'y avoir aucun égard ?

L'Abbé Froment, il eft vrai, ne reconnoît pas auffi parfaitement le laquais Saint-Jean, mais le laquais lui-même
reconnoît l'Abbé Froment, & il avoue s'être chauffé trois ou

quatre

quatre fois dans fa chambre , en attendant M. de Richelieu ,
qui étoit chez Madame de Saint-Vincent.

Pourquoi donc l'Abbé Froment ne reconnoît-il pas ce laquais ? Ce n'eft pas qu'il ne l'ait vu , puifque le laquais convient
avoir été chez lui ; mais c'eft qu'il n'a pas fait affez d'attention
à la figure & aux traits de cet homme, pour pouvoir au bout de
quatre ans affurer pofitivement que c'eft-là l'homme qu'il a vu.

Cette non reconnoiffance du laquais Saint-Jean par l'Abbé Froment ne prouve donc qu'un défaut de mémoire ou d'attention de
fa part, & non la fuppofition d'un autre laquais. Combien d'ailleurs eft abfurde cette fuppofition prétendue, d'*un quidam habillé
de rouge, pour faire illufion à l'Abbé Froment.* Eft-ce donc ainfi
que l'on fait illufion ? Quoi ! Madame de Saint-Vincent auroit
apofté un quidam pour faire illufion , & ce quidam auroit été
à peine apperçu par le feul Abbé Froment ? Ce ne feroit pas
chez elle , au milieu de vingt témoins, qu'elle auroit fait venir
ce quidam ! Elle l'auroit attendu hors de chez elle , elle ne
l'auroit pas fait entrer dans la chambre où elle étoit··· appercevoir le laquais, s'élancer vers lui, ouvrir à la hâte le paquet
qu'il porte , voir les billets & la lettre , rentrer précipitam-
ment chez l'Abbé , tenant encore cette lettre , ces billets &
leur enveloppe à la main ; ces mouvemens, ces démarches,
cette forte de défordre , ne font-ce pas-là les agitations d'une
ame affeſtée, & non les artifices étudiés de l'impofture ?

Mais M. de Richelieu, lui-même, va nous faire connoître
quel eft ce laquais, & lever tous les doutes qui pourroient refter
encore à cet égard. Déja ce laquais eft venu plufieurs fois
apporter des lettres à la Miféricorde. Dans ces lettres, il étoit
queftion d'argent que M. de Richelieu promettoit, & dans ces
lettres, la vifite de M. de Richelieu étoit fixée à tel jour, à telle
heure, & M. de Richelieu étoit exaſt au jour & à l'heure indiqués.   H

L'Abbé Froment a vu un laquais, il ne le connoît pas fi l'on veut. Mais il a lu les lettres qu'apportoit ce laquais, il ne fçait pas de qui elles font fi l'on veut. Mais ces lettres qu'il a lues promettoient de l'argent, il ne fçait d'où venoient ces promeffes fi l'on veut. Mais, dans ces lettres, la vifite de M. de Richelieu étoit annoncée, il ne fçait pas d'où venoit cette annonce fi l'on veut. Mais il voyoit M. le Maréchal venir à l'heure & aux jours indiqués par les lettres..... Eh bien! M. le Maréchal! eft-ce encore un quidam qui apportoit ces lettres? &, vous-même, étiez-vous donc d'intelligence avec ce quidam pour tromper auffi l'Abbé Froment?

Tels font les faits effentiels réfultans de la procédure inter-locutoire : les pieces font fous les yeux des Magiftrats. Qu'ils prononcent enfin entre un accufateur téméraire & la foule des citoyens qu'il a immolés à fon crédit & à fes calomnies.

Ici devoit finir le procès. Tous les témoins utiles & nécef-faires avoient été dénommés dans l'Arrêt. Mais abufant du mot *& autres*, qui y avoit été inféré, M. de Richelieu recommença au mois de Juillet un nouveau cours d'information. En eft-il réfulté une conviction contre Madame de Saint-Vincent?

Les premiers témoins de M. de Richelieu font trois Ecrivains nommés Dautrep, Vallin & Harger. Ni l'un ni l'autre de ces témoins n'ont été confrontés à Madame de Saint-Vincent: ils lui font donc très-indifférens. Des témoins non confrontés ne peuvent certainement pas opérer de conviction contre elle.

Mais le nouveau Mémoire de M. de Richelieu fait grand bruit de ces dépofitions, & les cite comme une preuve de la fauffeté des billets. Que M. de Richelieu nous dife d'abord fi c'eft comme experts ou comme témoins qu'il prétend faire valoir ces trois écrivains.

1°. Comme experts, ils n'ont aucune qualité, aucune miſ-
ſion, aucun caraĉtere ; ils n'ont point prété de ſerment & n'ont
point eſſuyé de confrontation ſur leur prétendu avis, & c'eſt
un des premiers principes de Juriſprudence, que tout ce qui ſe
fait en matiere criminelle ſans ferment reçu, doit étre regardé
comme nul, & que la Juſtice ne peut y avoir aucun égard.

2°. C'eſt donc comme témoins qu'il faut les enviſager ; mais
que dépoſent-ils ?

Dautrep & Vallin déclarent qu'ils ne peuvent, *ſans prévariquer
à leur état, & ſans manquer à la confiance publique*, rendre compte
d'un avis qu'ils ont donné extrajudiciairement, & ſous le ſceau
inviolable du ſecret.

Reſte donc Harger ſeul, qui, prévaricateur intrépide, & ſe
ſouciant peu de *manquer à la confiance publique*, dépoſe : *« que
» le 3 Août 1774, deux particuliers à lui inconnus, l'un ayant
» la Croix de S. Louis, & l'autre ayant l'air d'un Abbé, ont
» requis la vérification de trois billets, par trois Experts, ſur
» environ dix-ſept ou dix-huit lettres données pour être de M.
» le Maréchal de Richelieu.

* Voyez ſa
dépoſition.

Que ces deux particuliers, ce ſera, ſi l'on veut, le ſieur de
Vedel & l'abbé de Villeneuve, ayent requis la vérification de
trois billets, & de dix-ſept lettres de M. de Richelieu, eſt-ce
un crime de leur part, ou eſt-ce une préſomption contr'eux ?
Quelle intention perverſe, quel motif malhonnête peut-on leur
ſuppoſer ? Le 3 Août 1773, Madame de Saint-Vincenr étoit
ſortie de la Baſtille ; elle étoit en charte privée, & la plainte de
M. de Richelieu étoit rendue dès le 27 Juillet : il ne s'agiſſoit
donc alors ni de négociation, ni de vente des billets ; ce n'étoit
donc pour tromper perſonne ; ce n'étoit donc que pour eux-
mêmes que l'Abbé de Villeneuve & le ſieur Vedel, faiſoient
cette vérification. Convaincus que les billets & les lettres étoient

fortis des mains de M. de Richelieu, ne pouvoient pas craindre que M. de Richelieu lui-même n'y eut imprimé un caractere de réprobation & de fausseté ? Ne pouvoient-ils pas s'assurer au moins, s'il étoit quelque-prétexte émané de lui, qui pût étayer son accusation & ses calomnies ? . . . Leur *intention*, dit M. de Richelieu*, *étoit d'opposer leur rappport à celui de la Bastille*, mais comment M. le Maréchal a-t-il deviné qu'ils eussent cette intention ? Qui le lui a dit ? Ils ne sçavoient seulement pas qu'il y eut alors un rapport de la Bastille ; ils ne savoient seulement pas qu'il y eut des Experts nommés, jamais il n'ont vu ce prétendu rapport ; jamais ils n'ont sçu entre les mains de qui il a été remis ; & la Cour elle-même n'a pu se le procurer.

* Page 5 de son nouveau Mémoire.

Quel rapport d'ailleurs l'Abbé de Villeneuve & le sieur de Vedel vouloient-ils opposer à celui de la Bastille ? Etoit-ce un rapport qui eût déclaré les billets vrais ou qui les eût déclarés faux ? Mais s'ils espéroient un rapport qui déclarât les billets vrais, ils étoient donc de bonne foi ; ils croyoient donc que les lettres & billets étoient vrais ? Ou bien, auroient-ils voulu opposer au rapport de la Bastille un rapport qui eût déclaré les billets faux ? Plaisante maniere de combattre un rapport qui déclareroit des billets faux, que de présenter un autre rapport qui les déclareroit également faux ! l'intention même que suppose M. de Richelieu, au sieur de Vedel & à l'Abbé de Villeneuve, étoient donc une intention qui ne pouvoit naître que de leur bonne foi . . . .

* Idem.

Mais, continue-t-il*, *le sieur de Vedel avoit glissé une piece fausse parmi les pieces de comparaison, espérant que les Experts s'y tromperoient.....* Voilà encore une intention que M. de Richelieu a devinée ; mais quelle absurdité seroit-ce que de mêler une piece fausse parmi les piéces de comparaison ; ne seroit-il pas aussi facile aux Experts d'en distinguer la fausseté, quoique placée parmi les pieces de comparaison, qu'en la laissant au rang des piéces de

queſtion. Que ſi les Experts pouvoient ſe méprendre ſur la différence d'une piece fauſſe à une piece vraie, données l'une &
l'autre pour pieces de comparaiſon, ne s'y méprendroient-ils pas
également en donnant ces piéces, l'une pour queſtion, & l'autre
pour comparaiſon. Y a-t-il moins de diſtance d'une piece de
comparaiſon fauſſe à une piece de comparaiſon vraie, que d'une
piece de comparaiſon vraie à une piece de queſtion fauſſe ?
Pourquoi donc ce mélange de pieces ? Ou bien, ſi le ſieur de
Vedel n'avoit voulu, comme le prétend M. de Richelieu, que
ſe procurer un rapport qui, ſur de fauſſes pieces de comparaiſon, déclarât tous les billets vrais, pourquoi eut il offert d'autres pieces que des pieces fauſſes pour comparaiſon ; le moyen
ne ſeroit pas infaillible de faire déclarer vrais des billets faux,
en les faiſant juger ſur des pieces de comparaiſon qui ſeroient
également fauſſes ?

Il n'eſt donc aucun intérêt, aucun motif qui pût porter à
mêler des pieces fauſſes avec des pieces vraies ? S'il en eſt aujourd'hui que M. de Richelieu déſavoue, & d'autres qu'il n'a
pas déſavouées, toutes ne ſont pas moins vraies, toutes ne ſont
pas moins de lui ; & le ſieur de Vedel ne préſentoit pour piece
de comparaiſon, cette lettre que M. de Richelieu dit être fauſſe,
que parce qu'elle étoit vraie & qu'il la croyoit vraie.

« Mais dit encore M. de Richelieu, d'après cette vérifica-
» tion les accuſés & le ſieur de Vedel étoient inſtruits du faux,
» *ils en avoient la certitude phyſique....* * Ils en ſont donc les au-
» teurs ; car, pourquoi auroient-ils ſoutenu les billets vrais,
» lorſqu'ils ſçavoient *d'une maniere certaine* qu'ils étoient
» faux » ?

Quelle maniere de raiſonner ! quoi ! quand même ces Experts
auroient trouvé ces trois billets faux, ce *ſeroit une certitude phyſique qu'ils ſont faux !* Quand trois Ecrivains auroient dit qu'une
écriture de M. de Richelieu ne leur avoit pas paru reſſemblante

à une autre écriture de M. de Richelieu , ce feroit *une maniere certaine* de juger que cette écriture n'eft pas de M. de Richelieu. Quoi! il auroit fallu que le fieur de Vedel qui avoit *la certitude phyfique* de la vérité des lettres , qui les avoit vu arriver par la Pofte à Poitiers , qui avoit lui-même porté les réponfes à la Pofte , qui avoit porté à l'Hôtel de Richelieu des billets non fignés , & qui avoit revu ces mêmes billets *fignés* entre les mains de Madame de Saint-Vincent , eût renoncé au témoignage de fes yeux , à l'ufage de fes fens , au fentiment de fon exiftence , pour adopter *une certitude phyfique* , qui n'a pour appui que les rêveries d'un art incertain & trompeur. Quoi! quand tout couvert de gloire & de vertus , le célebre la Chalotais fe voyoit entouré de douze Experts qui foutenoient qu'il avoit flétri fa main & fa plume par des libelles & des atrocités contre fon Roi , il auroit fallu qu'adoptant cette *certitude phyfique* de l'art des Experts , ce fublime Magiftrat eût renoncé aux mouvemens généreux de fon cœur , & fe fût dévoué lui-même à l'opprobre.... Quel homme honnête , quel bon François fe rappelle encore cet exemple récent de l'incertitude des vérifications , & ne forme pas des vœux pour l'abolition de cette efpece de preuve fi féconde en injuftices & en erreurs?

Mais , continue M. de Richelieu , *voilà neuf Experts , dont trois choifis par les Accufés eux-mêmes , qui déclarent les billets faux.*

Il y en auroit mille que leur opinion ne feroit rien au procès. Il s'agit ici de prononcer fur une accufation criminelle , & non fur une queftion civile concernant les billets. C'eft une plainte contre *les auteurs & fabricateurs des billets* , & non une difcuffion d'intérêt fur la vérité ou fauffeté de ces billets que la Cour va juger : elle connoît trop les limites qui féparent les demandes en répétition de payement , d'avec les accufations qui compromettent la liberté , l'honneur & la vie , pour difcuter celles-ci quand il s'agit de ftatuer fur celles-là. Mais au fond quels font ces neuf Experts ?

1°. Guillaume & Liverlos ont travaillé à la Baftille. Qui a vu leur rapport ? qui fçait ce qu'ils ont dit ? fommé vingt fois de produire ce rapport, M. de Richelieu s'y eft conftamment refufé, & la Cour elle-même n'a pu en avoir connoiffance. Tout ce que l'on fçait, c'eft que ces deux Experts n'ont vu qu'un feul billet, & n'ont vu aucune lettre. Or n'eft-il pas ridicule d'adopter à la fauffeté de douze billets & de vingt-trois lettres l'opinion de deux Experts qui n'ont vu qu'un feul billet & qui ne connoiffent pas même les lettres que l'on veut faire croire qu'ils ont jugé fauffes ? Retranchons donc d'abord ces deux Experts. Des neuf dont on parle, il n'eft refte que fept.

2°. Si les trois Experts confultés par l'Abbé de Villeneuve & le fieur de Vedel ont trouvé les trois billets faux, il eft certain auffi qu'ils ont trouvé les lettres vraies. L'intrépide Harger lui-même n'a ofé le nier à la confrontation, & les Juges n'auront pas laiffé échapper cette circonftance effentielle. Or, M. de Richelieu veut-il s'en rapporter à l'opinion de ces trois Experts ? veut-il qu'il y ait au procès trois billets faux & que les lettres foient vraies ? Ces lettres prouvent que c'eft de lui que viennent les billets ; ce fera donc lui qui aura fait les trois billets faux, & l'on verra enfuite ce que font en eux-mêmes les autres billets qu'il a également donnés. Il n'eft pas permis fans doute à M. de Richelieu de couper cette opinion en deux parties & de prendre celle qui lui convient pour fe fouftraire à celle qui l'accable. Ou qu'il avque que les lettres font vraies, ou qu'il nous laiffe encore retrancher ces trois Experts. Du nombre de neuf reftent quatre.

3°. Faut-il parler de Paillaffon & de Potier ? La Cour n'a-t-elle pas entendu & jugé l'année derniere leur rapport ? n'a-t-elle pas vu de quelles contradictions, de quelle fauſſeté, de quels ſophiſmes il étoit rempli : eſt-il un Magiſtrat, en eſt-il un ſeul qui n'ait été révolté de ce tiſſu d'abſurdités & d'inconſéquences ? N'eſt-ce pas d'ailleurs dans cet ouvrage uniforme les mêmes principes, les mêmes diviſions, les mêmes ſous-diviſions, les mêmes articles ? N'étoit-ce pas le même rapport en deux volumes ? Ce ne ſeroit en tout état de cauſe qu'une voix pour M. de Richelieu ; & quelle voix encore ! s'il veut nous lui laiſſons celle-là.

4°. Viennent enfin les nommés Rolland & Pollard. Nous ne fatiguerons pas les Juges des détails inutiles, des propoſitions abſurdes, des inconſéquences ſenſibles, des contradictions groſſieres, des inepties en tout genre de ces deux Ecrivains, trop longuement réfutés peut-être dans des confrontations qu'ils ont rendu énormes par leur maniere de répondre. Au lieu d'un oui ou d'un non, ils ont répondu des volumes..... N'en faiſons pas comme eux ; mais que M. de Richelieu prenne à préſent la peine de compter lui-même ſes Experts !

Les témoins redeviennent au choix de M. le Maréchal de Richelieu. M. de Richelieu va les choiſir encore dignes de lui. D'abord il faut venir à ſon hôtel : un ancien laquais de Madame de Saint-Vincent, avec qui il ne dédaigne pas de s'entretenir, enſuite il le renvoie à l'Intendant Marion, & celui-ci, avec ſa *véracité* ordinaire, le careſſe, l'endoctrine & lui demande enfin s'il n'a pas envoyé chercher de l'argent. Ecoutons le laquais lui-même.

Samuel Duez, dit Grange, dépoſe * « qu'il eſt entré au ſer
» vice de Madame de Saint-Vincent en 1774, qu'il l'a ſervi
» environ quatorze mois, & qu'il eſt ſorti environ ſix ſemaines
» après la Conciergerie ; que pendant le tems qu'il étoit au
» ſervice de ladite Dame, *il a vu très-ſouvent, & preſque tous*
» *les*

* Voyez ſa dépoſition.

» *les jours, des domestiques de M. le Maréchal de Richelieu venir*
» *chez ladite Dame, ET NOTAMMENT LE NOMMÉ SAINT-*
» *JEAN, lequel apportoit des lettres,* que le Dépofant ignore
» ce qu'elles contenoient, que M. le Maréchal eft venu plu-
» fieurs fois chez Madame de Saint-Vincent, qu'il y reftoit
» plus ou moins de tems, quelquefois une demie heure, quel-
» quefois une heure, qu'il n'a point entendu parler des billets
» chez Madame de Saint-Vincent.... qu'il a été chez M. le
» Maréchal par ordre de M. de Momboiffier, chez lequel le
» frere de lui Dépofant eft au fervice; que M. de Richelieu
» a fait au Dépofant beaucoup de queftions, tant fur Madame
» de Saint-Vincent, que fur le fieur de Vedel & Benavent; mais
» qu'il ne lui a pas offert de l'argent ni fait aucune menace;
» mais que le fieur Marion, Intendant, a dit au Dépofant, il
» y a environ trois mois, qu'il fçavoit bien des chofes, & que
» s'il ne vouloit pas parler, il le feroit parler de force : à quoi
» le Dépofant a répondu que fi on le faifoit parler de force, il
» parleroit; après quoi le fieur Marion a changé de converfa-
» tion & demandé au Dépofant : *s'il avoit envoyé chercher de*
» *l'argent chez le fieur Marion,* à quoi le Dépofant lui avoit
» répondu que non, ne lui en étant pas dû. Ajoute, le Dépofant,
» qu'il a porté plufieurs fois des lettres de Madame de Saint-
» Vincent à l'hôtel de Richelieu ».

Remarquons en paffant la maniere adroite dont le fieur
Marion fçait offrir de l'argent. Il demande fi on en a envoyé
chercher. Samuel Grange étoit trop honnête pour rien com-
prendre à ce langage : mais tous les témoins de M. de Richelieu
n'étoient pas auffi difficiles.

Une fille de Montauban, nommée Saint-Victor, déja con-
nue par fa mauvaife conduite, & qui va l'être encore plus par
fon faux témoignage, amenée du fond du Rouergue à grands

I

frais , reçue, accueillie , fêtée à Paris, menée en triomphe dans les fociétés de gens qui fçavent dépofer (1), paroît enfin fur la fcène , & fe préfente, avec un grand papier à la main, pour d.cter la dépofition qui lui avoit eté donnée toute écrite . . . .
On n'a pas d'idée de la fauffeté & de l'impudence de la dépo-

* Voyez fa
dépofition. fition de cette fille. Ici , elle dit * « que Madame de Saint-Vin-
» cent avoit écrit à M. de Richelieu pour lui demander une
» lettre qu'elle pût faire lire à tout Milhaud , dans laquelle
» il put fe voir la protection qu'elle s'étoit acquife dans fon
» efprit, parce que les gens de Milhaud fembloient en douter » ;
là , elle dit « que Madame de Saint - Vincent compofoit des
» lettres pour faire voir qu'elle étoit en relation avec M. de
» Richelieu , & qu'elle trompoit ainfi tout le monde ». Mais
» fi Madame de Saint-Vincent avoit demandé une lettre à M.
de Richelieu lui-même, pour prouver fa relation avec lui , pourquoi compofoit-elle de fauffes lettres pour prouver cette même
relation ? Ici cette même fille dépofe « que Madame de Saint-
» Vincent faifoit écrire par des étrangers des lettres, au bas
» defquelles elle calquoit la fignature » ; là » qu'elle prenoit
» un mot dans une lettre véritable, un mot dans une autre
» pour en compofer des lettres entieres ». Mais comment
faifoit elle écrire par des étrangers des lettres entieres, fi elle
calquoit elle-même le corps entier des lettres, en prenant un
mot dans une lettre, un mot dans une autre ? Enfin , cette fille
fubornée ofe dire « qu'elle a vu une refcription de dix mille
» écus que M. de Richelieu envoyoit à Madame de Saint-
» Vincent, que cette derniere lui avoit demandée ; & fur cette
» refcription de dix mille écus, la dépofante a vu que Madame
» de Saint-Vincent la copia , en fit écrire une toute pareille

---

(1) Comme qui diroit les témoins de l'accepté Pechot.

» qu'elle figna Begon & en calqua la fignature fur celle que
» lui avoit envoyé M. le Maréchal ».

Que quelqu'un daigne nous expliquer cette opération.
Madame de Saint-Vincent reçoit une refcription ; fon premier
foin eft de la copier ; enfuite elle en fait écrire une toute pareille ; après elle la figne Begon ; & lorfqu'elle l'a fignée, c'eft
alors qu'elle en calque la fignature. Comprend-on quelque
chofe à ce bavardage auffi imbécile que méchant ? Ne croit-on
pas entendre les rêves d'un malade, ou les propos d'un homme
ivre ? Ce n'eft pas tout. Cette fille a vu encore « qu'avec cette
refcription, qui étoit de trente mille livres..... » Quoi ! cette
refcription fauffe a été copiée fur la refcription vraie ! elle eft
toute femblable à cette refcription vraie ! La refcription vraie
eft de mille écus, & cette refcription *toute femblable* fe trouve
de trente mille livres !..... Cette fille a donc vu » qu'avec
» cette refcription fauffe, qui étoit de trente mille livres,
» Madame de Saint-Vincent la donna à M. *Durre* pour l'en-
» gager à faire attendre fes créanciers, ou à lui trouver de
» l'argent à emprunter, & que M. Durre crut la refcription
» parfaitement bonne ».

Que l'indignation éclate contre ce témoin impofteur ! M.
le Baron Dure, homme honnête, homme de qualité, digne
de confiance à tous égards, eft entendu, & il déclare hautement « que Madame de Saint-Vincent ne lui a jamais fait
» voir, jamais remis de refcription de trente mille livres * ». * Voyez fa
Vile créature ! vos calomnies font-elles affez dévoilées ? Et dépofition.
M. de Richelieu a le front de fe prévaloir encore de ce mé-
prifable témoignage, & M. de Richelieu a le front d'affirmer
dans fon nouveau Mémoire * que Madame de Saint-Vincent * Page 16.
a fabriqué une fauffe refcription de trente mille livres ! & il
ne rougit pas de citer la dépofition fauffe, démentie & con-

fondue de cette Saint-Victor , trop heureufe encore d'échapper au bras vengeur de la Juftice ! Veut-on lui donner un nouveau démenti ? « M. Durre , dit-elle, n'ayant point trouvé d'argent » à emprunter, ils furent enfemble trouver le Chevalier de » Tauriac , riche habitant de Milhaud. Madame de Saint- » Vincent lui préfenta fa fauffe refcription pour le prier de lui » prêter fur cet effet une fomme dont elle avoit befoin ; Ma- » dame de Saint-Vincent dit à fon retour à la Dépofante , que » le Chevalier de Tauriac avoit voulu lui donner les trente » mille livres en lui remettant par elle fa refcription ; que » Madame de Saint-Vincent lui avoit répondu que M. le Ma- » réchal lui avoit défendu d'en faire aucun ufage, & que ledit » Chevalier de Tauriac lui avoit dit qu'il n'en feroit lui-même » ufage que quand elle le voudroit; que la dame de Saint- » Vincent ajouta qu'elle avoit été tentée de la lui laiffer & » de prendre l'argent, & que M. Durre la blama beaucoup » de ne l'avoir pas fait, parce qu'il croyoit la refcription très- » bonne ».

Il eft malheureux que la mauvaife fanté de M. le Chevalier de Tauriac ait privé Madame de Saint-Vincent de fon témoignage ; mais indigné d'être cité pour garant d'une pareille impofture, il n'a pu garder le filence, & il a démenti publiquement l'audacieufe Saint-Victor. M. Durre a déclaré à fa confrontation « que M. de Tauriac , en bonne compagnie, a » dit publiquement qu'il n'avoit jamais eu connoiffance de » ladite refcription ou lettre de change de 30000 livres ».

Faut-il de nouveaux démentis à cette fille Saint-Victor ? Elle avoit affirmé encore que Madame de Saint-Vincent avoit fait voir cette fauffe refcription au fieur Defangles pour l'engager à payer fes dettes ; & ce fieur Defangles, ami de cette Saint-Victor ; & ce fieur Defangles, vendu à M. de Richelieu ;

& ce sieur Desangles dont nous parlerons tout-à-l'heure, ce sieur Desangles lui-même est forcé de convenir * *que Madame de Saint-Vincent ne lui a fait voir aucune réscription.*

* Confrontation de Madame de Saint-Vincent au Sr Desangles.

Démentie par M. le Baron Durre, démentie par M. le Chevalier de Tauriac, démentie par le nommé Desangles, faut-il démentir encore cette fille par elle - même! Elle avoit dit en déposant : » qu'elle avoit vu Madame de Saint-Vincent remettre » cette rescription à M. Durre, pour l'engager à faire attendre » ses créanciers ou à trouver de l'argent à emprunter, & que » M. Durre n'en ayant pas trouvé, il étoit allé, avec Madame » de Saint-Vincent, chez M. le Chevalier de Tauriac » : elle sçavoit donc que M. Durre avoit cette rescription, & cherchoit de l'argent à emprunter. ELLE L'AVOIT VU. Cependant à sa confrontation elle perd la mémoire : elle dit » qu'elle » a sçu que Madame de Saint-Vincent avoit cette fausse rescription, mais qu'elle *ne sçavoit pas qu'elle voulût en faire » usage que quand elle revint de chez M. de Tauriac* ». Quoi ! elle avoit vu remettre la rescription à M. Durre pour en faire usage, long-temps avant que Madame de Saint-Vincent & M. Durre allassent chez M. de Tauriac, & elle ne sçavoit pas » que *Madame de Saint-Vincent voulût faire usage de cette res- » cription, que quand elle revint de chez M. de Tauriac* ».

* Confrontation à Madame de Saint-Vincent.

Que cette fille vante donc son honnêteté & sa vertu : qu'elle dise aux confrontations *que sa conduite a toujours été pure ;* il faut lui permettre l'étalage de tous ces grands sentimens ; mais quand elle dit * *qu'elle n'est pas vile & qu'elle ne vend rien pour de l'argent,* qu'elle nous permette de lui demander pourquoi donc elle a vendu son témoignage, car enfin elle ne l'a pas vendu pour rien.

* Idem.

Pourquoi aussi n'a-t-elle pas déposé dans les premieres informations faites à Milhaud & à Montauban ? Il lui a été envoyé, dit-elle, deux commiffions rogatoires, qui ont toujours resté fans effet, & elle a toujours refufé de parler. Mais pourquoi donc refufoit-elle alors, puifqu'elle avoit tant de belles chofes à dire, ou pourquoi parle-t-elle aujourd'hui ? *On l'a forcée*, dit elle, *d'obéir par un ordre fouverain**. Qu'eft-ce donc qu'un ordre fouverain donné à une fille comme la Saint-Victor, dans un procès comme celui de M. de Richelieu... Eft-il réfulté de toutes les impoftures de cette fille une conviction contre Madame de Saint-Vincent ?

* Confrontation à Madame de Saint-Vincent.

Le nommé Airoles, qui fe fait appeller Defangles, homme d'une réputation toute faite, vingt fois acculé dans vingt procès criminels, tout fier de ne jouer cette fois que le rôle de témoin, ami de la Saint-Victor, chargé par M. de Richelieu de la faire affigner, digne de figurer auprès d'elle & bien fait pour l'appuyer de fon témoignage, fut deftiné à faire valoir quelques-unes de fes impoftures. Il n'ofa pas dire avoir vu la prétendue refcription de 30000 livres, mais il dit : *que M. Durre lui avoit dit qu'il l'avoit eue en fon pouvoir.* L'affertion contraire de M. Durre *, homme de qualité, homme honnête, doit l'emporter à tous égards fur cette fauffe allégation du nommé Airolles.

* Voyez fa dépofition.

Toujours attaché à cette refcription, il ofa citer encore le témoignage de la Saint-Victor, *laquelle * lui avoit dit que c'étoit le fieur Duchefne, Notaire & Avocat à Milhaud, qui en avoit fait le corps, à la priere de Madame de Saint-Vincent.....* Mais ne peut-on donc rien avancer de relatif à cette prétendue refcription qui ne foit démenti fur le champ par des témoins & des faits ?

* Récollement du S' Defangles.

Le fieur Duchefne, Avocat & Notaire, jouiffant d'une bonne réputation, fut entendu, & à fon récollement il dénia formellement le fait, difant * *qu'il ne croyoit pas que Madame de*

* Récollement du fieur Duchefne.

Saint-Vincent fût capable de porter une pareille propofition à un homme de fon état. . . . La fille Saint-Victor en a donc encore impofé : & quel rôle a fait le fieur Airoles en fe déclarant fon interprête & fon écho !

Le feul fait effentiel qui eût pu réfulter de la dépofition de Defangles eft l'ordre à lui donné par M. de Richelieu d'arranger les dettes de Madame de Saint-Vincent. En vain l'a-t-elle requis, à la confrontation, de produire la lettre qu'il avoit reçue de M. de Richelieu à cet effet : il s'eft refufé à ces juftes interpellations, alléguant que cette lettre étoit reftée *dans fes poffeffions* à Nant ; tandis que Madame de Saint-Vincent fçavoit qu'il l'avoit fait voir, depuis fon arrivée à Paris, au fieur Favre, Marchand de Milhaud.

Tous les oui-dires du fieur Ayroles, foit qu'il les tienne de la fille Saint-Victor ou d'autres femmes qui lui reffemblent, font très-indifférens à Madame de Saint-Vincent, & n'operent fans doute aucune conviction contre elle.

Mais une nouvelle plainte étoit portée par M. de Richelieu. L'inftruction ordonnée par l'Arrêt du mois de Mars alloit être achevée, & M. de Richelieu ofoit, après trois ans d'information, redemander encore une nouvelle permiffion d'informer. Cette demande étoit trop abfurde, la plainte fut jointe au procès.

M. de Richelieu parvint néanmoins, malgré l'Arrêt, à faire informer fur les faits contenus dans la nouvelle plainte. Il fit inférer, dans chaque exploit d'affignation, les circonftances relatives à cette plainte, & chaque témoin trouvant un modele de dépofition dans fon exploit, fe croyoit obligé de dépofer fur fon affignation, & n'écoutoit pas même la lecture de la plainte qui lui étoit faite.

Que de nouveaux efforts l'homme aux trois noms ne faifoit-il pas alors à Milhaud pour fe procurer de nouveaux témoins ? que de démarches, que de complaifances, que d'intrigues, que de menfonges ne lui ont pas coûté ces informations ?.... On avoit à Paris un moyen sûr de les diriger, c'étoit de payer les témoins fuivant que l'on étoit content d'eux & de leurs dépofitions.

Le fieur Duchefne, Avocat & Notaire, avoit donné un démenti à la fille Saint-Victor & au nommé Ayrolle, & il n'avoit eu que 800 liv. pour frais de voyage, tandis qu'un fieur Gaujal, qui avoit débité toutes les rapfodies qu'on lui avoit apprifes, étoit payé 1800 livres.

Ce qu'il y a d'étrange, c'eft qu'il n'eft pas un feul fait de la nouvelle plainte qui ne foit détruit par les informations, & pas un que M. de Richelieu n'annonce dans fon Mémoire comme s'il étoit certain & conftaté. Le public peut être féduit un inftant, mais les Juges le feront-ils ? Et que peuvent-ils penfer de cet excès d'audace & d'impudence ?

Ne feront-ils pas révoltés de voir M. le Maréchal foutenir que Madame de Saint-Vincent a fait à Milhaud une refcription fauffe de dix mille écus, tandis que la dépofition de la fille Saint-Victor eft détruite par celle de M. Durre, par celle de Defangles lui-même, & par celle de Duchefne, à qui elle attribuoit le corps de cette refcription !

Ne feront-ils pas révoltés de le voir foutenir encore qu'une refcription de 18000 livres, qu'il ne connoît pas, dont perfonne ne parle que M. Durre, dont il ne dit pas même la fignature, & qu'il fçait bien être vraie, eft fauffe & fabriquée par Madame de Saint-Vincent ! Quoi ! dès que Madame de Saint-Vincent aura en fon pouvoir une refcription, il faudra la croire & la déclarer fauffe ? M. de Richelieu aura le droit de conclure à ce que toutes les refcriptions & toutes les lettres de

change

change que peut avoir Madame de Saint-Vincent foient tenues & réputées fauffes , il n'aura pas même befoin de les voir pour en juger ? . . . . . Ne faut-il pas être poffédé de la manie des faux pour avoir de pareilles prétentions ?

Ne feront-ils pas révoltés encore de voir M. de Richelieu affirmer , dans fon Mémoire *, que Madame de Saint-Vincent * Page 15. a fait un cachet *aux armes de Richelieu*, tandis qu'ils ont vu dans la procédure que ce cachet ne peut être celui de M. le Maréchal, puifque le Carme qui a vu l'empreinte, fe rappelle qu'il y avoit *une figure dans l'écuffon*, ne fe rappellant pas fi c'étoit une figure d'homme ou d'animal, mais qu'elle étoit tournée d'un fens contraire au cachet ; tandis encore que M. Durre déclare qu'il a appris des Religieufes de Milhaud, qui fréquentoient le plus Madame de Saint-Vincent, que ce cachet n'étoit point celui de M. le Maréchal ; qu'il y avoit une croix de Malte au fond ; qu'elles avoient reconnu la croix de Malte aux crans qui bordent l'écuffon ; qu'elles l'avoient vu maintefois , & que d'ailleurs elles fçavoient *de qui étoit le cachet*.

Comment M. de Richelieu répond-il à cette circonftance *de la tête dans l'écuffon*, rapportée par le Carme ? C'eft, dit-il, qu'il s'eft trompé. Mais fi le Carme s'eft trompé fur la circonf-tance *de la tête*, ne s'eft-il pas trompé auffi fur les autres cir-conftances du cachet ? Peut-on divifer ainfi une dépofition , & dire de ce qui embarraffe, que c'eft une erreur, pour re-garder comme vrai tout ce que l'on y trouve de favorable ? Mais ne feroit-ce pas plutôt fur la circonftance *des bâtons* que fur celle de *la tête* que le Carme fe feroit trompé ? Ne feroit-ce point la croix de Commandeur de Malte, qui exiftoit dans le cachet que Madame de Saint-Vincent a fait faire à Milhaud, que le Carme, peu expert en blafon, aura pris pour *des bâtons* ?

K.

Le cachet a été fait du jour au lendemain (1). Il n'a coûté que six francs pour la matiere & la façon : or pourroit-on faire en si peu d'inftans un cachet *aux armes de Richelieu* , avec les bâtons & les attributs des Ordres ? Le pourroit-on faire pour six francs ? Et si un Orfévre de Milhaud, qui n'a pas souvent de pareilles fortunes, avoit fait une seule fois en fa vie un cachet de Maréchal de France, auroit-il oublié cette cir- conftance effentielle & affez frappante pour lui & son état ?

Quoi qu'il en foit, le Carme fe rappelle qu'il y avoit *une tête dans l'écuffon.* Or, il n'y a point *de tête* dans *l'écuffon* de Richelieu : donc ce n'eft point le cachet de *Richelieu.*

Ce n'eft pas non plus pour avoir vu Madame de S.-Vincent depuis le récollement, que le Carme s'eft rappellé cette circonf- tance *de la tête ;* il la fçavoit ; il l'avoit dite à fon récolement même, & Madame de Saint-Vincent ignore comment, au lieu d'une *tête ou figure renverfée*, qui étoit l'intention du dépofant, on avoit écrit à ce récolement, *une piece renverfée.*

Les Magiftrats ne feront-ils pas révoltés encore de voir M. de Richelieu affirmer qu'une lettre dépofée par Madame de Maillan, lettre qu'il n'a pas vue & qu'il n'a pas pu voir, eft fauffe & fabriquée par Madame de Saint-Vincent ?

Mais ce qui les remplira d'indignation, c'eft le nombre & la foule des menfonges hafardés avec affurance dans ces nouveaux Mémoires par M. de Richelieu contre Madame de Saint-Vincent. Ici * il l'accufe d'avoir trompé le Comte de Montal, & il cite la dépofition d'un fieur Gaujal, qui n'en dit pas un mot. Là il cite une tromperie faite au Comte de Caftelnau , & il n'en eft pas dit un mot nulle part. Plus loin, il vante une fauffe lettre de Nerbonneau, & la lettre eft rétractée. Tantôt il parle d'un faux cachet, & il

* Page 12.

---

(1) Tout cela eft prouvé par les dépofitions du Carme & de l'Orfévre.

n'eſt point de faux cachet ; tantôt de fauſſes reſcriptions , & il n'eſt point de fauſſes reſcriptions. . . . . Abandonnons ces Libelles & revenons à la procédure. Madame de Saint-Vincent eſt-elle coupable ? L'information de Paris, l'information de Poitiers, l'information de Milhaud , la procédure interlocutoire ont-elles opéré une conviction contre elle ? Si cette conviction exiſte , que la Juſtice s'arme de toutes ſes rigueurs ! Que ni la naiſſance de Madame de Saint-Vincent , ni les égards dus à un Magiſtrat vertueux , ni le fort de ſes triſtes enfans , ni l'ac-cablement & la douleur de pluſieurs familles , que rien n'arrête la ſévérité des loix. Mais ſi elle n'eſt pas coupable , ſi l'homme puiſſant qui s'eſt rendu ſon accuſateur n'a point rempli l'obligation qu'il a contractée ; ſi, trompant la ſageſſe des familles , il l'a enlevée à l'aſyle le plus ſacré ; s'il s'eſt joué de l'aveugle crédulité de cette femme malheureuſe ; s'il l'a conduite lui-même au comble des malheurs ; s'il l'a rendue victime de ſes calomnies & de ſa haine , s'il l'a raſſaſiée d'op-probres & d'outrages . . . . . Magiſtrats , vous êtes juſtes , prononcez votre Arrêt.

CHAMBRES ASSEMBLÉES,
les Princes & Pairs y ſéant.

Meſſieurs { *ROLAND DE CHALLERANGE* ET *TITON DE VILOTRAN*, } *Rapporteurs.*

LE CONSEIL ſouſſigné qui a lu la *Nouvelle Réponſe* de Madame de Saint-Vincent, & les *Réflexions* de M. le Maréchal de Richelieu,

EST D'AVIS que M. le Maréchal de Richelieu fait de vains

efforts pour éluder une obligation qui lui eſt impoſée par la raiſon & par la loi, & qu'il a reconnu lui - même avoir con- traɛtée, en dénonçant Madame de Saint-Vincent comme cou- pable de faux ; l'obligation de prouver que Madame de Saint- Vincent eſt réellement coupable d'un faux.

M. le Maréchal de Richelieu commence par ſuppoſer que le faux des billets eſt prouvé. Partant de-là, il prétend que les billets ſe trouvant entre les mains de Madame de Saint-Vincent, c'eſt à elle à prouver qu'elle n'eſt pas l'auteur du faux. Si elle ne fait pas cette preuve, dit-il, elle eſt de plein droit préſumée coupable.

Mais, 1°. rien ne prouve que les billets ne ſoient pas de M. le Maréchal de Richelieu ; & M. le Maréchal de Richelieu ne prétendra pas ſans doute qu'il n'eſt pas obligé de prouver le faux, & de le prouver d'une maniere claire, lumineuſe, qui écarte tous les doutes.

2°. M. le Maréchal de Richelieu ne s'eſt pas contenté d'ar- guer les billets de faux ; il a préciſément accuſé Madame de Saint-Vincent d'avoir commis le faux, & il a même indiqué la maniere dont elle avoit commis le faux. Elle l'a commis, a-t-il dit, en calquant à la vitre. Par-là, M. le Maréchal de Richelieu a contraɛté l'obligation de prouver, non pas ſeulement que les billets ſont faux, mais encore que le faux eſt du fait de Ma- dame de Saint-Vincent. Si M. le Maréchal de Richelieu s'en fût tenu à arguer les billets de faux, peut-être Madame de Saint-Vincent auroit-elle déclaré que puiſque M. le Maréchal de Richelieu ne reconnoiſſoit pas ſon écriture, elle n'entendoit point faire uſage des billets ; du moins elle auroit eu la faculté de faire une ſemblable déclaration. En imputant le faux per- ſonnellement, direɛtement à Madame de Saint-Vincent, M. le Maréchal de Richelieu lui a ôté tout moyen d'échapper à l'accufation, & il s'eft mis dans la néceffité où eft tout accufateur, de juftifier fon accufation, à peine d'être réputé calomniateur.

3°. Il paroît très-bien prouvé au procès que ces billets ont été remis à Madame de Saint-Vincent par M. le Maréchal de Richelieu. Dès-lors, que les billets foient faux, qu'ils ne le foient pas, Madame de Saint-Vincent eft néceffairement innocente, M. le Maréchal de Richelieu néceffairement coupable de calomnie, & d'une calomnie réfléchie.

Délibéré à Paris le 26 Avril 1777. MARTINEAU, GOUPILLEAU DE VILLENEUVE.

A PARIS, chez P. G. SIMON, Imprimeur du Parlement, *rue Mignon Saint-André-des-Arcs, 1777.*

www.ingramcontent.com/pod-product-compliance
Lightning Source LLC
LaVergne TN
LVHW021134200726
843510LV00001B/95